歴史屋のたわごと…❷

露伴の『運命』とその彼方

ユーラシアの視点から

Masaaki Sugiyama
杉山正明

平凡社

［歴史屋のたわごと 2］

露伴の『運命』とその彼方——ユーラシアの視点から　目次

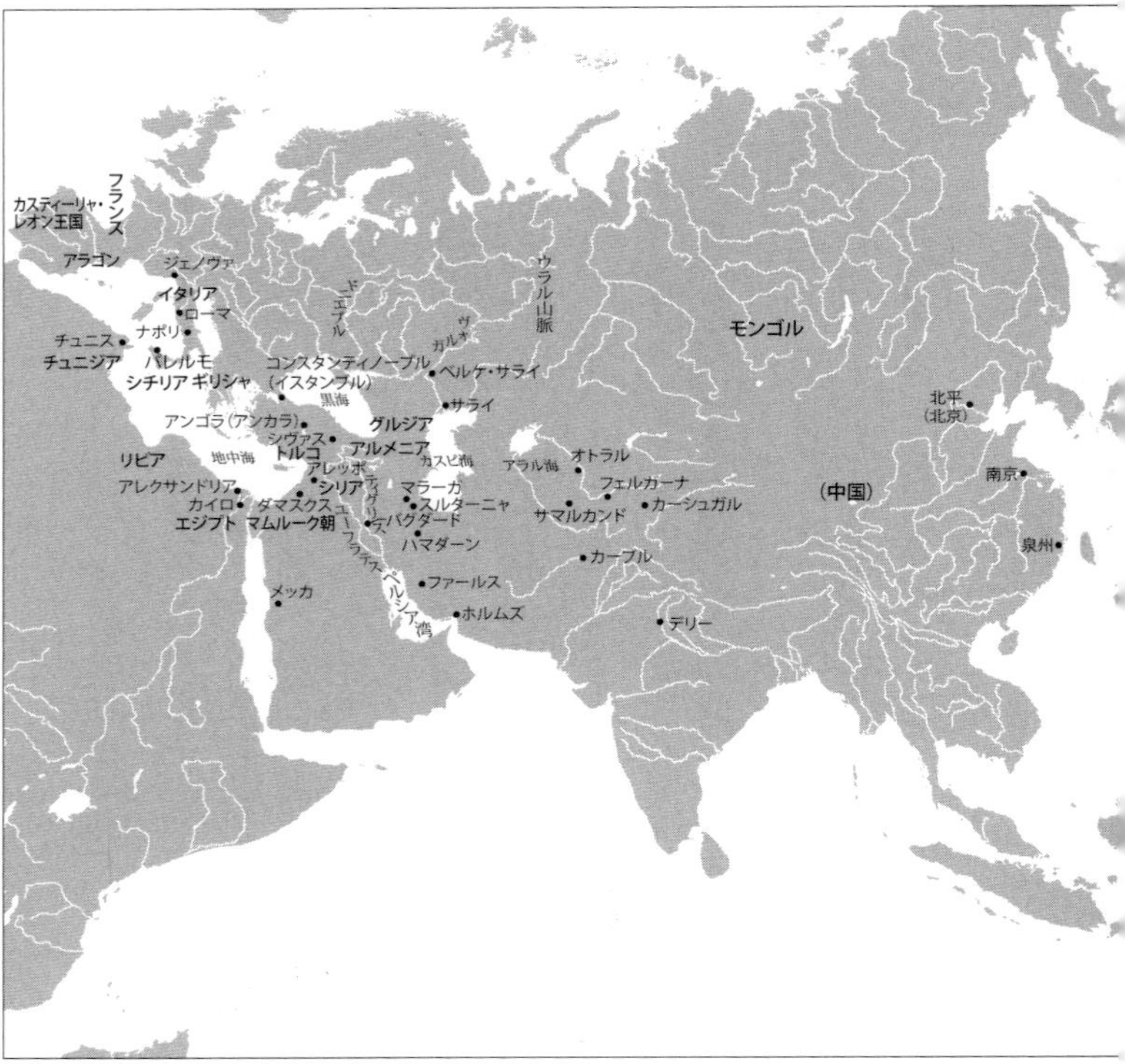
フランス
カスティーリャ・レオン王国
アラゴン
ジェノヴァ
イタリア
ローマ
ナポリ
チュニス
チュニジア
パレルモ
シチリア
ギリシャ
コンスタンティノープル（イスタンブル）
黒海
ドニエプル
ヴォルガ
ウラル山脈
ベルケ・サライ
サライ
グルジア
アンゴラ（アンカラ）
シヴァス
アルメニア
トルコ
地中海
リビア
カスピ海
アレッポ
シリア
ティグリス
マラーガ
アレクサンドリア
カイロ
ダマスクス
ユーフラテス
スルターニヤ
バグダード
エジプト
マムルーク朝
ハマダーン
ペルシア湾
ファールス
メッカ
ホルムズ
アラル海
オトラル
フェルカーナ
サマルカンド
カーシュガル
カーブル
デリー
モンゴル
北平（北京）
南京
（中国）
泉州

序章　これから綴ることへの少し長い前書き

突出した風狂人——幸田露伴というおそるべき人

幸田露伴という人と生涯、数々の作品群については、さまざまな評者たちと各種媒体による解説・評価が溢れるほどにある。たとえば河盛好蔵は、昭和四十九年に角川書店より刊行された日本近代文学大系（全六十巻）の第六巻・幸田露伴集の冒頭解説で次のように綴っている。やや長いが、あえてそのまま引用する。

幸田露伴（一八六七―一九四七）は明治、大正、昭和の三代に亙って超人的な創作活動をつづけた文豪である。その文学的業績は、小説、戯曲、詩歌、少年文学、史伝、随筆、紀行、研究、論策、人生論、考証、注釈等の多方面に亙り、一大宇宙を形成している。そのすべてについて論じることはほとんど不可能であり、また私の能力を遥かに越えることであるから、ここには小説家露伴に焦点を絞って解説を試みることにしたい。

しかし小説家露伴といっても、彼は漱石、藤村、荷風、潤一郎のように、小説家として一生を貫いた文学者ではない。露伴の小説家としての経歴は、厳密にいって、明治二十二年（一八八九）に処女作「露団々」を発表して一躍天才を謳われ、次で「風流仏」「対髑髏」「いさなとり」「五重塔」などの名作によって紅露時代を作り出し、明治三十八年（一九〇五）、長篇「天うつ浪」を未完成のまま途中で筆を折るまでの十六年間にすぎないといってよい。

彼は大正八年（一九一九）久しい沈黙を破って名作「運命」を発表して文壇を驚倒させるが、そのときの露伴は小説家というよりもむしろ一代の碩学《せきがく》であった。またこの「運命」にしても単純に小説と考えてよいかどうか問題であろう。晩年の露伴には、「幻談」「雪たたき」「連環記」のようなすぐれた小説があり、露伴でなければ絶対に書けない作品であるが、しかしこれらの小説も、彼の畢生の労作「芭蕉七部集評釈」に到底くらべることはできないであろう。

簡にして要をえた見事な文章と的確な評価である。さすが、といわざるをえない。とりわけ、三段落目に述べているように、長い空白時をへて突如として蘇った露伴、それもとてつもない傑作『運命』をともなっての再登場という強烈な衝撃――。「小説家というよりもむしろ一代の碩学であった」とする点、まったく同感である。なお、筆者としてはこのささやかな文章が終結するとき、『運命』のおそるべき凄さはもとより、史家としての露伴の力量・炯眼《けいがん》・歴史的センス、さらには広やかな世界史への目配り・周到すぎるほどの十全の備えなど、もろもろの点について言及したい。

たとえば、歴史家・露伴のおそろしさのひとつとして、多言語でしるされたユーラシア東西にわたるかなりの根本資料、ないしはそれにかかわるデータを、おそらく英訳ないし仏訳などを通じてではあったものの、見事に把握していることである。そのいっぽう、率直にいって大正のなかば、当時の日本の歴史学界は、東洋史・西洋史・日本史などいずれの分野についても、それぞれ個々のテーマに跼蹐《きょくせき》したというか、閉じこもって、ユーラシア全体を眺望するかのような視点をほとんどもっていなかったといっていい。というよりも、当時の日本としては、現実には朝鮮半島や中華大陸にかかわるのがせいぜいのことで、いわゆる極東、もしくは東アジア(東亜ともいった)のサイズに、言論も視野も抱負も、おおむねのところはとどまったといわざるをえない部分がある。この点だけをとりあげても、これまでの『運命』というとてつもないなにかが投げかけている巨大な渦についての評価は十分でない。ひょっとすると、泉下で露伴は、自分ほどの域まで誰も達していないなと、ほほえんでいるかもしれない。

かたや、『運命』と直接ないし間接にかかわるような近年のいくつかの論著を見ても、ほとんど漢文文献のみに依拠して、燕王《えんおう》（のちの永楽帝）と建文帝政府の葛藤、活劇などを叙述し、それで満足して、同時期に進行していたユーラシア中央域での大変容と連動して考えようとはしていない。ところが実は、このふたつのことがらは、陰に陽にからみあい、かつは当時のそれぞれにとって重大な鍵となる側面をもっている。であれば少なくとも、ペルシア語・アラビア語についての最低限の心得は必要であった。ようするに、中国もなにもかも巻き込んだ、アフロ・ユーラシア・サイズでの重大事、ないしは巨大な変容への可能性があったことを、露伴はきちんと見抜いていたのではないか。であれば、露伴はますますこわい。

また、南京政権を倒して権力者となってからの永楽帝についても、その後しきりに繰り返された「北伐」という名の、内陸世界に展開するモンゴル勢力に対するあまりに執拗《しつよう》かぎりない攻撃ぶりは、どうしてそうであったのか。さらには、永楽帝みずからの出撃にもかかわらず、結局のところは不首尾に終わり、それどころかなんと当人は漠北の地で頓死を遂げるという、およそ帝王にあるまじき惨めな末路など、はたしてそのあたりの事態をどれほどきちんと理解しているのか、はなはだ疑わしい著作がどうも目につく。明帝国政府が、永楽帝の哀れな最期について徹底的にガードをはめたのは明らかだが、それにしても、明代史研究者やその他の関係者のおおらかさは、本当にほほえましい。ようするに、わかっていないのである。ただし、露伴はすべてを見透してわかっており、その当時の論調をにやりとして眺めていたのかもしれない。

ひるがえって、ややお粗末とさえいっていい日中の明代史研究の現況にひきくらべ、筆者にはむしろ、河盛好蔵が紹介している『運命』についてのいくつかの率直な賛辞のほうが肯《うなず》けるところが多い。所詮、時代をこえて、いいものはいいのである。いくらか繰り返しめくのを承知のうえで、谷崎潤一郎をはじめ三人三様ながらそれぞれに見事な評価を、やはりここでもあえてそのまま引用したい。

「私はあれを読んだ時の興奮を今でも忘れることが出来ない。人或は、あれは史伝であつて小説ではないと云ふかも知れない。けれどもそれは余りに小説と云ふものゝ近代的な形式に囚はれ過ぎた考へである。……所謂『小説』ではないにもせよ、芸術家たる露伴氏の学殖と情熱とを傾注し、真骨頂を躍如たらしめてゐるところの『創作』であると云はずして何であらう。正に小説以上の小説、小説にして叙事詩を兼ね、史伝を兼ねてゐるものである。分量こそ比較的に短いが、それでゐて一巻の平家物語や太平記にも匹敵すべき規模を有し、一篇の中に小宇宙を蔵してゐる大作である。文章は昔風の和漢混交体であるが、少しも古臭い感じがなく、潑溂とした新味があり、万鈞の重味があるのは不思議である。驚天動地の出来事を叙し、波瀾重畳を極め、幾多の大英雄小英雄を紙上に生かして躍らせてゐる手腕は、たゞの歴史家の仕事ではない。」（谷崎潤一郎『饒舌録』）

「驚くべきは、この劇的伝奇的長篇が厳密に正史に憑《よ》って書かれたということである。私は始め、これを燕王簒位《さんい》の事件に材を借りた、露伴先生創作の歴史小説だと思い、仮りにこれを叙事詩と称したのであるが、御殿場で訪問した機会に先生に問うと、記事はすべて憑《よ》りどころがあり、『正史に出ている以外の事は何も書いてありません』ということであった。作中には明史、明朝記事本末（つまらぬことだが、ただしくは明史紀事本末——引用者註）等の書が挙げられているから、主なる材料はこれ等に取り、旁《かたわ》ら道衍《どうえん》、方孝孺《ほうこうじゆ》その他作中人物の述作、詩文集等を参考したものであろう。それにしても、窮屈なる史実の拘束の下に、一の仮構にもよることなしに、あれほどに人を喜悲せしめ、感奮せしめる叙述をするということは、歴史としても文芸作品としても、殆ど類例のないところで、他人の想い及ばず、露伴ただ一人よく到り得る境地ともいうべきものであろう。」（小泉信三『読書雑記』）

小泉はまた「道衍は普通の尺度をもっては測り難い。第一に、彼れは何故に燕王をすすめて叛逆をなさしめたか。それが名利のためでなかったことは明らかであるらしいが、名利でなければ何のためか」と問い、この怪偉な人物に特殊の興味を感じ、一々厳密に史料に基づいて、その風貌を生けるが如く描いた露伴の手腕に感嘆している。

なお、小泉信三が言及する「道衍」とは、法体のまま燕王・朱棣《しゆてい》の傍らとも陰ともいえるところにいたブレインで、あらゆることに通じ、まさに知恵百出の「帷幄《いあく》の将」として燕王をささえつづけ、ついに大逆転の大勝利をもたらした。のち、道衍は還俗して姚広孝《ようこうこう》といった。彼なくしては、永楽帝の帝位はありえなかった。なににつけ、謎めいたところのある人物で、露伴もそうした姿として彼を描いている。

「規模宏大、文章雄渾、皇帝等の周囲に活躍した道衍・孝孺（方孝孺のこと）などといふ人物、その他多種多様の配合、軍を談ずるかと思へば、永楽大典に及び、政治かとおもへば、詩文に及び、端倪《たんげい》に暇なからしめると共に、漫坐卒読をゆるさぬ概のあるものである。而してその根元を貫く思想は、『努力論』等に於て嘗て分かり好く解かれた、『万物自然の数理』であつて、『不並出の英雄朱元璋も、命《めい》といひ数《すう》といふものの前には、ただ是一片の落葉秋風に舞ふが如きのみ』といふので、『運命』といふ題が即ちそれに本づいて居る。それから、露伴先生が小説より遠ざかり斯ういふ事実物に進まれたのは、事実の方が却つて複雑であるといふことに、更に著目せられたのにも依るのである。」（斎藤茂吉『露伴先生に関する私記』）

こうした絶賛の言に対して、河盛好蔵が「以上いずれもこの名作の特色と勘所を的確に指摘した評言であって、これ以上加えるべきものは何もない」とするのはその通りだろう。

露伴の圧倒的な迫力に、多くの才人たちも言葉もなかったのか。別のいい方をすれば、手も足も出なかったといっていいか。露伴はそうした人だったのかもしれない。ようするに、露伴はわかっている。というか、当時としてはほとんどありえないくらいに、ユーラシアもしくはアフロ・ユーラシアを眺めていた。その点、まことにおそるべき男であり、とてつもない視野と見識を備えていた。あえていえば、わからなかったのは、むしろ後世の史家と称する人たちかもしれない。

そしてもうひとつ、露伴の『運命』にかかわる文章をここにとりあげたい。それは、河盛好蔵による幸田露伴集の解説とは別に、同じ巻の附録・月報五六に載せられた植村清二の「運命」瑣記と題する文章である。ちなみに、植村清二は戦前も実に早い時期から中央アジアの歴史や、まさにティムールについての突出した研究を展開し、戦前・戦後を通じて当該分野のトップ・ランナー、いやほとんど天馬空をゆく風情の大家であった。

わたくしごとで恐縮ながら、一度だけお会いしてあれこれとお話ができたことは、まことに幸いだった。もう好々爺《こうこうや》といっていい御年齢であったが、話は実に明快、まったく淀むことなくすらすらとさまざまなことを教えていただき、こんな方がいるのかと驚倒した。

〝老化〟なぞ、その気配すらなかった。

かつて新潟に奉職されているとき、あまりの素晴らしい講義が評判を呼び、学生・職員、そしてさまざまな人たちが聴講したことは今や伝説と化している。ちなみに、戦争中、「この戦争は負ける」と断言して物議をかもしたという。わたくしが、モンゴル語・ペルシア語をやっていると申し上げると、「ああそうか、いい時代になったね」とにこやかに、快心のえみを浮かべられたのは忘れられない。

そこで、あえて今ここに月報五六（昭和四十九年六月）の植村清二の文章をそのまま転載したい。見事なほど簡にして要を得たあざやかな解説である。

「運命」瑣記

植村清二

「運命」は露伴の長い制作の系列の中で、その後期を代表する作品である。その主題はいうまでもなく明の靖難《せいなん》の変である。露伴はこの事変で建文帝が南京の宮中で自殺しないで亡命したという伝説を取り上げて、建文帝をはじめ、その叔父の燕王（のちの永楽帝）や、道衍や方孝孺などの、それぞれ特殊な性格を持つ一流の人物を、その役割に応じて活躍させながら、しかもその全体を、知るべからざる運命の支配するものとして物語っている。これを史伝と見るか、また小説と見るかはしばらく別問題として、その手際また出来栄えは、実にみごとなものである。

「運命」の舞台となっているのは、当時の明の都であった南京や燕王の居処であった北平（北京）である。ところが物語の後半というよりも終りに近くなって、露伴はタメルラン（チムール）の名をはじめて挙げ、彼がサマルカンドに拠って四方を攻略し、明を征する企てのあったことを語っている。「近江源氏先陣館」の盛綱陣屋の後段になって、ふすまを開くと、遠見に夜の湖水を見わたすように、ここでにわかに眼界がずっと広がるのは、さすがに老手という感じがする。

露伴が「運命」の中でタメルランについて触れている部分は、分量としてはわずかであるが、その中に注意すべき点が二つある。一つは傅安《ふあん》のことである。傅安は永楽帝の父の洪武帝の命を受けて、タメルランのもとに派遣された明の使節であるが、タメルランのために久しく抑留され、タメルランの死後になって、ようやく故国に帰還している。しかしそのために彼は、西域に逗留中各地を巡遊し、帰国の後に彼の友人たちは、その談話に基づいて詩を作った。これを集めたのが「西遊勝覧詩」である。

傅安の事蹟は、当時の明と中央アジアとの交渉に関して、かなり重要であるが、従来ほとんど顧みられなかった。最も早くこれに注意したのは、ロシアのブレットシュナイデルであろう。最近には榎一雄博士の精緻な研究がある。しかし日本ではじめて傅安の名を伝えたのは露伴であろう。

いま一つはシルトベルゲルである。シルトベルゲルは傅安と違って、バワリア（正確にはバヴァリア——引用者註）出身の一兵士にすぎないが、すこぶるめずらしい経歴の持ち主である。彼はいわゆるハンガリア十字軍に従軍したが、ニコポリの戦でトルコ軍に敗れて、その捕虜となって、トルコの軍隊に編入され、トルコ軍がアンゴラでタメルランのために敗れると、また降服してタメルランの麾下《きか》に入った。彼が明の使節すなわち傅安のことを聞き知ったのは、この時である。タメルランの死後彼はロシアの金帳汗（いわゆるキプチャク・ハン国のこと——同）に仕え、そこでもさまざまの艱難《かんなん》を閲《けみ》したが、三十余年の流転の後に、ようやく郷里に帰ることができた。彼は地位も低く、教育も乏しかったために、その手記の信用度には問題があるが、ともかく実歴の記事として、参考すべき点も少なくない。日本では、まだその内容を紹介したものは見当たらないようである。

全体タメルランは成吉思汗と並ぶアジアの大征服者である。しかし日本では成吉思汗の名が広く親しまれているのに対して、タメルランの名はほとんど知られない。一冊の書物も彼について書かれたものはない。その間にあって、露伴が「運命」の中でこれに触れているばかりでなく、当時専門の学者でさえほとんど注意しなかった二人の重要な人物に言い及んでいるのは、実に驚くべきことと言えよう。

露伴は人にすぐれた知識欲と、これを充分に満たすに足るだけの比類のない精力とを持っていた。その結果として彼の和漢の学問の蘊蓄《うんちく》は、該博を極めたものであった。彼の多くの作品にちりばめられたその学殖は、多くの場合その作品の価値を高めるのに役立っているが、しかしまた時としては、そのために読者にやや近づき難い感じを与える場合もないとは言えない。それを批評することはしばらく措いて、その知識がどこまで広くまた深いかということを探ることは、やはり客観的な露伴研究の重要な問題であると思う。露伴は実に巨象そのものである。その全体像を直接に把握することは容易ではない。しかし鼻も象の一部であり、耳も象の一部である。これを精密に観察することは、やはり全象を描くために欠くべからざる前提であろう。「運命」の極めて小さい部分の細かい考証も、この立場からいえば、全く意味のないことでもあるまい。

ひるがえって、戦後も昭和二十年代後半に生まれた筆者にとって、露伴は遥かに遠い先人である。わたくしが『運命』を拝読したのは四十年以上もまえになる。しばらく読みすすめて、すぐに離れられなくなった。一気に読み終えて、呆然とした。驚くべき迫力であった。露伴とは一体なにものかと思った。そして、これは小説とか歴史とかといったちまとした区別は無用であり、それとはまったく次元の違うものだと痛感するほかはなかった。そのときの、どこか異様な読後感と妙にすっきりとした不思議な気分は、今も色あせることなく脳裏にある。

さて、これからひとくせもふたくせもある『運命』という緊迫感に満ちあふれた珠玉のような一篇を手元に置きつつ、九十年以上の歳月をへだてて、二十一世紀という何でもわかって当然のような時代において、その周辺へのアプローチをあえてこころみたい。筆者は所詮、歴史屋のひとりにすぎない。ただし、かつてにくらべて歴史研究の環境は格段によくなっている。また、僭越《せんえつ》ながら、漢文・モンゴル語・ペルシア語・アラビア語・ヨーロッパ諸語はひととおりわかったつもりではある。それに、なんといっても今や時代がちがう。露伴翁が考え、いいたかったことのいくらかは拾えるかもしれない。そして露伴がもっとやりたかったことを、いささかでも補充できるかもしれない。さらにそのうえで、関連する諸史料や、これまで多国籍の先人たちによってなされてきた複数の歴史的アプローチも参照し、かつ多言語の世界に分けいりつつ、もう一度、本作にかかわることがらのあらましを眺めてみたい。はたしてどれほどに、露伴の世界を超えることができるのか、もしくは歴史屋の小知恵にとどまるのか。これから綴るのは、そのささやかな挑戦である。

十五世紀初頭の世界――ふたたびめぐりあう東西

本文に入るに先立ち、ユーラシア東西の状況も含めて当時の世界をひととおり概述しておきたい。まずは、『運命』に直接・間接にかかわる事態全体の構図をデッサンする。時は十四世紀の末から十五世紀のはじめにかけてのころ。とりわけ焦点となるのは、一四〇二年とその前後の数年に絞られる。

舞台は中華領域にとどまらない。それどころか、近年は「中央ユーラシア」という用語で表現されるアジア中央域に広がる茫々たる大地、そして西は現在のスペイン、すなわち当時のカスティーリャ王国とその周辺も重要な役割を演じる。さらには北アフリカも鍵を握る。そしてなんと、陸上のことだけでなく、海の世界も視線のなかに含まれる。ただし、そうして綴る世界史の一幕も、露伴翁の慧眼《けいがん》と歴史眼をあらためて称揚するものでしかないかもしれない（もっとも、これからの拙文が時をこえた露伴への讃歌となるのであれば、欣快というほかはない）。

そのいっぽう、東方の中華地域では、燕王・朱棣が南京を都とする甥で第二代の明皇帝であった建文帝（年号を採ってこう呼ばれる）の政府を倒し、みずから帝王となったのが一四〇二年のことであった。かつて、モンゴル世界帝国の都としてクビライが築いたダイドゥ（大都）、もしくは西方人たちが呼んだカンバリクは、現在の中華人民共和国の首都・北京。マルコ・ポーロという名の、実のところは定かならざる誰かをはじめ、多人種の異邦人たちが群れなして陸と海の両方から訪れた世界都市は、百年有余ののち、朱元璋というおよそ尋常でない幸運児にして殺戮《さつりく》者が中華の王となった結果、北平と改められて、その四男の朱棣が同地に封じられ、その一帯の「封王」となっていた。

そして、洪武帝と呼ばれた朱元璋が他界したのち、若い皇帝をいただく南京政府は、洪武時代に対モンゴルのため北辺に配置した、いくつかの自前の軍事力を備える「封王」たちをライヴァル視ないし危険視し、次々と取り潰していった。だが、最大のターゲットであった燕王だけは、一筋縄ではいかなかった。それどころか、さまざまな変転の挙句に、なんと北平に拠る燕王側が最終の勝利をおさめ、南京政府は敗滅した。周知のように露伴の『運命』は、ひとまず燕王と建文帝を対極に据えて、その攻防・変転のさまをドラマティックに、かつは痛切なる美しい文章で綴る。

ところで、明帝国の創始者・朱元璋は、一介の〝野人〟からのしあがって「天下」を取った稀有《けう》の人物として、たとえば日本の豊臣秀吉にもたとえられたりする。人によってはというべきか、朱元璋を史上屈指の大英雄とたたえるむきも決して少なくない。だが、はたしてそうか。事実だけを眺めれば、まことにとんでもない男であった。

彼については、あばた面の醜悪きわまりない肖像がのこる。実際、彼はおよそ人間離れしたおそろしい姿・形で、さらにその人柄もおそるべき邪悪さに溢れ、かつはひとつひとつの言動すべてが不信と猜疑心《さいぎしん》におおわれ、なににつけすべからく臭気に満ちていた。およそ人として、歴史上でこれほどの悪人はめずらしい。なお、朱元璋像にはもうひとつ別物があり、それは穏やかでふっくらとして、いかにも円満・温厚な理想の〝聖天子〟のように描かれている。しかし、もとより美化の限りを尽くした〝にせもの〟でしかない。率直に、あわれなものである。

もともとは野盗というか、ほとんど「コソドロ」あがりで、人殺しは当たり前、仲間を裏切るのは日常茶飯事、悪事は数え切れない。彼が生涯かけて殺した人間の数は、おそらくとてつもない数になる。では、なぜそんな人間が中華皇帝になってしまったかといえば、それこそが「運命」であった。このあたり、是非をこえて率直に述べたい。彼がこの世に生をうけたころ、人類史上最大のモンゴル世界帝国は急速に翳《かげ》っていった。かつて、いいかげんで無責任な歴史家たちは、「モンゴルが野蛮だったからだ」などと安直な考えを平気で文に綴った。それは洋の東西を問わない。まことにお気楽で、お幸せな時代であったというほかはない。

しかし、そんなことは他愛もない〝よたばなし〟にすぎない。たとえば、先述したマルコ・ポーロという名の誰かをはじめ、東西の旅人が空前の規模でユーラシアを往来し、科学・技術・学術・文化・産業・通商・宗教・医学・薬学・天文学・数学・幾何学などといったもろもろが、史上初めて壮大な規模で交流、展開した。「モンゴル野蛮説」は、過去の無能で、無責任な学者たちがほとんど頭のなかでこしらえた〝負の記念物〟として骨董品となって久しく、それとは逆に十三、十四世紀は、世界の世界化への扉が開かれた大きな画期の時代であったとするのが当然となってきている。まったく当たり前のことである。

ところが、十四世紀の二〇年代ころからモンゴル帝国をはじめ、実はユーラシアの各地はひどく混乱する。その最大の原因は環境の極端な劣化、別のいい方をすればこの時期の地球は「小氷期」（リトル・アイス・エイジ）に入っていた。具体的には寒冷化したのである。作物は実らず、ユーラシア全体が沈淪《ちんりん》した。

いささかわたくしごとめいて恐縮だが、筆者は小泉（純一郎）内閣時代の二〇〇一年に、京都に創設された総合地球環境学研究所なるものにかかわって十年余、文理融合という掛け声のままにユーラシアの気候変動云々といったプロジェクトにおつきあいしてきた。そのお蔭かどうかは知らないが、たとえばかつて中国史では天人相関説（政治や君主が悪いと天が怒って人間に災厄をもたらすという古代の考え方）、もしくは運命論めいた決めつけがまことしやかに語られてきたが、そうした莫迦莫迦しいことは切り捨てるのが当然となった。

いっぽう、朱元璋はユーラシアをおおった寒冷化による大混乱のお蔭で、「天下」を取ったといってもいいかもしれない。もっとも、この時期のユーラシアを見渡すと、小氷期のためかもしれないと考えられる事例はいろいろなところで思いあたる。そうしたことについて、まさに文理融合のアプローチを地球レヴェルで展開すべきではあった。それにしても、今更ながらいわゆる文系の人たちが、理系のアプローチを導入するのは、遅きに失した。本来ならば、さまざまな環境変動について、理系とタイアップしつつ共同して事態を分析するのは当然のことであった。これは文系・理系といった枠組みをこえたアプローチであったはずである。しかも、そうしたなかで文・理の両方にまたがって、文字どおりリーダーシップをとられてきた日高敏隆さんの急逝は、まさにヘッドを失ったかたちとなり、まことに残念というほかはなかった。それはまた、その一端を背負ったわたくしにとっても。

閑話休題。話を戻して、朱元璋はおそろしいほどの幸運に恵まれつづけ、たまたま皇帝となってしまってからも、なんと五度にわたってみずからの政府関係者とその家族・一族・縁者を、そのたびごとに数千、数万の単位で殺戮《さつりく》しつづけた。ぐうぜん握ってしまった権力を誰にも渡さぬため、盟友・親僚・功臣たちも皆殺しにした。

おそらくそこには、富裕層や知識人への底知れない憎悪があったのだろう。その結果、朱元璋の一代で、中華における「知の世界」はいったんほとんど亡びかかった。逆にいえば、〝力〟だけの野蛮世界に立ち戻ったといえるほどである。明代というおよそ低劣きわまりない時代は、朱元璋の遺産・賜物といっていいものなのだろう。こんな異様すぎる権力者は、世界史上でもほとんど見あたらない。なお、露伴はそのことを知ってか知らずか、こうした一連の実にあさましいことがらについてほとんど言及しない。時に露伴は意外にナイーヴでさえあるのかと思わざるをえない。

それにしても朱元璋について、「平民からはいあがった英雄」などと賛美するむきがしばしばあるのはおよそトンチンカンといわざるをえない。英雄どころか、人類史上でも屈指の猜疑心に満ち満ちた人殺し、ほとんど血に飢えた稀代の大魔王といってもいいかもしれない。なお、この家系をひととおり眺めてみると、どうやら、のきなみ流血が大好きな人たちだったらしい。であれば、血筋というほかはないのかもしれない。それにしても、いわゆる「靖難《せいなん》の変」（一三九九～一四〇二年）と呼ばれる政局の大逆転で、最終の勝利者となった燕王あらため永楽帝も、父とそっくりであった。南京政府側の要人をいたぶりながら殺すのみならず、宮女を含めて万を大きく上回るさまざまな人たちを指を一本一本切りおとすなど、異常きわまりないやり方でトコトンなぶり殺すところは、およそ人間の域を遥かに超えている。

このあたり、露伴の筆はひどく寒々しい。多分、露伴は痛切にわかっていた。であればこそ、権力者となってからの燕王あらため永楽帝についての筆致は、きわめて冷やかである。とはいえ、どこか露伴は朱元璋や永楽帝について、真正面から弾劾しきっていないように見えるのは一体なぜなのか。あまりの残虐ぶりに辟易《へきえき》したのか、それとも自分の文章が穢《けが》されると思ったのか、ともかく露伴の〝ためらい〟の理由はいくらか判然としない。ひょっとすると、露伴はどこか気の弱いところがあったのか。

かたや、洪武・永楽の時代を、ともすれば不用意なほどに誉めたたえるかの如く綴る日・中の歴史家たちの行文には、大いなる疑問を感じざるをえないこともかなりある。たとえば日本の研究者たちのなかには、足利義満が永楽帝に朝貢して、「日本国王」に封ぜられ、その結果、いわゆる日明貿易（勘合符という渡航証明書をバックにした通商）が、一四〇四年から十六世紀なかばまで展開したことをもって永楽帝をもちあげたり、またかの宦官《かんがん》・鄭和《ていわ》による南海遠征を不自然なほどに過大視したりするむきがあるが、いずれもそうしたことと洪武・永楽をもちあげることとはまったく別のことである。その点、さすがにかつて一度名声を得たのち、長い空白を置いて〝戻ってきた〟露伴は、こうしたことにきわめてクールである。なお、稀代の殺戮者・朱元璋を心より敬愛したのは、毛沢東とオウム真理教の麻原彰晃（松本智津夫）で、ふたりとも南京の朱元璋の陵墓にもうでていることをここに附記する。

さて、ここで視点を西にむけたい。燕王の奪権闘争が繰り広げられているその時、ユーラシア中央域からさらに西方では、ティムール率いる遊牧騎馬軍団が縦横に征服戦争を展開していた。ほとんど第二のチンギス・カンといってもいい、阿修羅のごとき働きぶりであった。キプチャク草原という名の広大なロシア方面を制圧し、オスマン朝の君主バヤジトとその軍を覆滅せしめた勢いは、もはや誰もとどめることができないほどと見えた。古き世界の都クスタンティニーヤ、すなわちコンスタンティノープルのみならず、東地中海方面からヨーロッパ、地中海域も直接・間接にティムールの脅威のなかにあった。噂もふくめて、ヨーロッパは大いに震駭《しんがい》した。そして、あまり直接的な影響がないと思われたイベリア半島のカスティーリャ王国もまた、ティムールとの交渉をこころみることになる。

そうしたことの詳細はのちに述べるが、ともかくここにチンギス・カンの西征に始まる大モンゴル帝国と、それをもとに新たに出現した第二のチンギスともいうべき征服王ティムールという巨星によって、東の永楽帝、ユーラシア中央域のティムール、そして困惑する中東・ヨーロッパという構図がおぼろげながらに成立する。それは、面差しを変えた二度目の「東西のめぐりあい」といってもいいものではあった。加えて、なんといっても有難いことには、ユーラシアの西のはし、前述のカスティーリャ王国からティムールのもとに赴いた使節団の旅行記がそっくりそのまま残っているのである。それは、またとない歴史の証言であった。

ちなみにこのあたり、西欧国家の体質というか、記録ずきというか、保存性が高いといったらよいのか、ともかく尋常でないねばり強さとしたたかさには感心する。そして、なんとおどろくべきことに、ただの〝市井の人〟であるはずの露伴は、少なくともその「クラビーホ旅行記」を、なんらかの形でひとまずは知っていたのであった。であれば、『運命』を綴る露伴を、漢学者の目線でのみとらえようとすることは、まことに不具合なのである。つまりは、後半生の露伴は、洋書や海外情勢にも十分に注意しており、もはや世界史についても当時の日本としては突出した見識を備えるスーパーマン学者のような状態に達していたというべきなのだろう。

第一章　カスティーリャの使節団——覇王タメルランのもとへ

カスティーリャ王国とエンリケ三世

さて、時は十五世紀のはじめ。ヨーロッパでは一三三七年に始まった英仏によるいわゆる百年戦争もなかばをこしたころ。そして、パリという紀元前にさかのぼるまことに古くからの町が、文字どおりフランスの都にして文化の中心となってから千百年ほどたった時のことである。

そのパリから南へ、ロアール河沿いにオルレアン、トゥール、そしてリモージュなどを経て、すべてがゆったりとした南フランスの緑なす田園地帯をくだりゆき、かつてルイ九世が築いたかのカルカソンヌ城なども過ぎゆくと、やがて峨々《がが》たるピレネー山脈が大きな壁となって聳《そび》え立つ。その一帯をなんとか越えると、その南側にはひどく乾燥した大地が広がっている。ほとんど別世界といっていい。緑はうすく、しばしばむきだしの岩山が荒涼とした風景を描き出す。そこは、往昔《おうせき》のころ「イベリア」、もしくは「イスパニア」と呼ばれた。ちなみに、現在のわたくしたちが、ヨーロッパ大陸の南西端に位置するピレネー山脈以南をさして「イベリア半島」と呼ぶのは、〝ことば〟としては実は遥か昔のことにさかのぼる。すなわち、かつて古代ギリシア人たちが、この地にいた先住民たちをその名で呼んだことに由来するとされる。

さて十一世紀以来、イベリアの中央域にあたるカスティーリャとその西北のレオンの両地は、カスティーリャ王国の統治下にあった。時はまさに混沌たる十五世紀。そして、王の名はエンリケ三世。わずか八歳でイングランド王族のランカスター公女カタリーナと結婚し、一三九〇年には父のファン一世が逝去したのをうけて十一歳で即位した。しかし、あまりにも幼かったので、治世当初の三年間は当然のことながら摂政府が設けられたが、逆にまさにそのために、王権をとりしきる摂政府と有力貴族の間に対立が生じた。

くわえて権力の空洞化に乗じて、民衆による大掛かりな反ユダヤ運動が繰り広げられもした。少年王は、カスティーリャ王国の現実を否応なく味わった。そうこうしたのち、十四歳で親政を始めたエンリケ三世は、それまで国政を左右してきた有力貴族を退け、下級貴族を登用して次々と新政策を打ち出した。ヨーロッパ諸国のなかでも、屈指といっていいほどのかなり広大な領域を占める王国の各地には、自立性の高い都市や地方が数多くあった。そこで、それらをそれなりに統制するため、コルドバ、ブルゴス、セビーリャなどの名高い要地には〝コレヒドール〟と呼ばれる国王の代官が派遣されることになった。かたわら、在地の少数支配層による都市支配の中核として「レヒドール制」なるものもあわせて導入された。この両方で、なんとか大領域を治めようとしたのである。エンリケ三世本人は、どこかなお〝少年王〟とさえいっていい面影をのこす青年君主ではあったが、議会《コルテス》をコントロールしつつ、王権の強化をおしすすめる果断さと有能さは際立っていた。出色の君主といってよかった。

そして、この若き王のもとから、今やルースィ（ロシアのこと）、アナトリア、中東、ヨーロッパを大席捲しつつある恐怖の遊牧軍団とその総帥たるタメルランのもとへ、状勢探査も含めて使節が派遣されることになった。もとよりタメルランとは、すでに幾度も述べたティムールのこと。ヨーロッパのなかでは、そうすぐには対応しきれないと思えるほど

＊コラム＊　人気漫画にみるスペイン

いわゆるスペインものというと、若い女性たちを中心に、ほとんど超絶的ともいえる人気を博した青池保子さんの『アルカサル――王城』の圧倒的な凄まじさを想い浮かべざるをえません。一九八四年から翌年にかけて『月刊プリンセス』（秋田書店）に連載され、中断後の一九八八年に『別冊ビバプリンセス』（同）に連載再開、さらに一九九四年に同誌が休刊して長い間、連載中止状態でしたが、二〇〇七年に残る部分をやはり秋田書店が完結。なお、単行本は二〇〇七年に十三巻が出て完結しました。

ひるがえって、筆者のようなまことに古さびた人間には、〝漫画〟（いや劇画というべきでしょうか）で描かれる歴史世界というものは、まったく無縁きわまりないといえるほどでありました。ところがある日、大変すぐれた女性研究者と話をしていると、ふとスペインのこととなり、青池さんの『アルカサル――王城』をすすめられたのです。そこで全巻をお借りして通読し、いやこういう世界があるのかと、眼がくらむというか、いや眼がさめるというか、すっかり驚きました。日頃、歴史研究といっても、狭い分野にもぐり込み、重箱のすみをほじくるようなことばかりしていてはダメだと周囲にいっていたのですが、漫画もしくは劇画で時代を活写するというのも、おおいにありだなと考え直しました。もっとも、青池さんのドラマティックな展開力と、登場人物の描写力があったればこそではありますが。

へだたっているイベリアの地から、きわめてすみやかに東方への使節派遣に踏み切ったことは、この若き王の果断さと積極性をよく示すものであったといっていい。

さて、本論に入るに先立ち、ここでいったんやや脇道にそれるかたちになるが、この才気に溢れたカスティーリャ王にいたるまでの道筋のいくらかと、その後わたくしたちが「スペイン」と呼ぶことになる統合国家のあらましを、あくまで確認としてひととおり眺めておきたい。それは最低限、エンリケ三世に先立つ時代から、のちスペインが大ブレイクするまでおよそ百年の歴史の、前後の脈絡をはっきりと了解するためである。

十四世紀後半から次の世紀にかけて、カスティーリャ王国のみならず、アラゴンやフランスも加わり、また既述の百年戦争の影響もあって、さまざまな紛争が頻発した。当のカスティーリャでは、一三五〇年、アルフォンソ十一世がペストで他界、ペドロ一世が即位し、レトラード（文官）やユダヤ人財務官を重用したが、多くの貴族は離反し、異母弟のエンリケ・デ・トラスタマラと継承戦争を展開、ペドロが一三六九年に殺されると、エンリケ・デ・トラスタマラがエンリケ二世として即位、かくてエンリケ三世の祖父にあたる先々代のエンリケ二世が内乱を乗りこえて開いた新王朝は、トラスタマラ朝と呼ばれる。

これがスペイン史上のひとつの画期となった。すでに枠組みだけはそれなりにあったカスティーリャ王国は、このトラスタマラ朝のもとで王権をよりたしかなものとしつつ、着実な歩みをつづけることになった。

ひるがえって、本稿の主人公のひとりということもできるキー・パーソン、かのエンリケ三世の短い治世も、そうした通過点のひとつであった。自他ともに大いなる将来をもったはずの彼は、不幸にして早世することになるが、それからかなり長い歳月がすぎたのち、やがてより大型の連合王国がイベリアの地に出現することになる。すなわち、かの名高いカスティーリャ女王イサベルと、バルセローナを中心とする北東部のアラゴン・カタルーニャ王国のフェルナンド二世（カスティーリャ王としてはフェルナンド五世）の結婚と両人の即位によって、今はスペインと通称されている〝かたまり〟が成立する（なお、余談ながら現在の正式の国名は「エスパーニャ」）。

さらには、イサベルがパトロンとなって支援したイタリア人クリストバル・コロンの船がいわゆる新大陸を〝発見〟し、しかもそこから大量の金銀が産出するという思いがけない幸運に恵まれて、国内統合と海外発展というふたつの大いなる「いさおし」を歴史に刻むことになった。ちなみにこのあたり、幸運というか、もしくはなんらかの〝運命〟というべきか。歴史というものは、時々おもいがけない〝いたずら〟をする。あるいは、人と時と国運と、所詮はなにかの〝手〟のなかにあるのか。

もっとも、こうしたことをもって、なにものかの〝導き〟であるとするならば、わたくしたちささやかな人間は、一体なんであるのかと、思わざるをえないのだが。ともかく、そうしたあれこれが繰り広げられていたことについて、あらためて大きな時代というものの転回を感じざるをえないことだけは疑いをいれない。

そして、さらにもうひとつ、隣国の海洋国家ポルトガルと争いつつ、やがてイスパニアの船が戦国末期から織豊・徳川時代のはじめにかけて、日本にも到来することになる。イエズス会の中心人物フランシスコ・ザヴィエルに始まるキリスト教伝来・布教の波も、まさにこの時期のことであった（なお、全くの余談ながら、フランシスコ・ザヴィエルの遺骸は、今もなおインドにあり、当地の人たちの尊崇の対象となっている）。とはいえ、そうした世界史上に名高いスペイン海上帝国の華やかなりし時代は、エンリケ三世の治世から数えると、ちょうど百年あとのことであった。

東方への船出

さて、時間をかなりまき戻して、ふたたびエンリケ三世の時代に戻る。いかにも若々しく進取の気性にとんだ青年王の視線は、経済・貿易にもむけられ、バスク地方やアンダルシーアの商人や企業家たちが地中海へ展開し、さらには大西洋へと乗り出してゆくのを奨励・支援した。そして、より大きなまなざしをもって、ユーラシア世界に起こりつつある大変容の可能性を的確にとらえ、見事に反応したのであった。

それはなにかといえば、当時のヨーロッパや中東などで「タメルラン」の名でおそれられたティムールという英雄、もしくは梟雄《きょうゆう》の出現であり、その麾下の遊牧騎馬軍団による中央ユーラシア・キプチャク草原（のちロシア草原といいかえられた）・中東各地、さらにはアナトリア方面へのすさまじい大侵攻・大展開であった。ローマ帝国以来の〝世界の帝都〟ともいうべき第二のローマ、すなわちコンスタンティノープル（現在は、周知のようにイスタンブル）とその周域の運命も、予断を許しがたい状況であった。かのモンゴル世界帝国という巨大なかたまりがいったん翳《かげ》をうすくし、そしてまたしばらくの時をこえて、ふたたび別の姿で東西ユーラシアに蘇るかに見えた。

ややかえりみて十三、十四世紀のこと、巨大な複合体であったモンゴル帝国のうち、中央アジア一帯をおさえた「チャガタイ・ウルス」はいくつかの核に分かれて争いあったが、そのなかから一介の武将にすぎなかったティムールが台頭した。一時期は〝こそどろ〟まがいの所業もあれこれなしたのち、文字どおりティムールは風雲に乗って、やがてユーラシア中央域でも突出した〝頭領〟となっていた。そして、ロシア方面の「ジョチ・ウルス」（俗称はキプチャク・ハン国）、中東方面の「フレグ・ウルス」（俗称はイル・ハン国）などにいた、さまざまな武力集団もまたたく間に切り従えた。そしてそのまま余勢をかって、勃興しつつあったオスマン王朝もいったんは打ち倒してしまった（これについては、のちに詳述する）。さらに、広大な北インド世界も、ティムール軍団に席捲された。ちなみに、この時の戦死者の頭は、ピラミッド風に積み重ねられたという。ティムールが、かつてのモンゴル軍団よりも遥かに残虐であったことは否定しようもない。かくて、このとてつもない暴虐な人物の指揮下に、ひょっとすると世界は一気に彼とその騎馬軍団にひれ伏すほかなき時代が訪れるかもしれなかった。客観的にはともかく、恐怖の噂は強烈だった。

こうした否応ない「世界情勢」の劇変に対し、若いエンリケ三世は、乗り出しかけた地中海貿易の今後のゆくえと、そしてまさに世界のゆくえをおしはかるためにも、とりあえずふたりの下級貴族を地中海の東域にむけ急派した。見事なほどの、しかし当然の対応の素早さであったといっていい。ふたりの貴族は辛苦ののち、やがて征服王ティムールへの謁見《えっけん》を許され、ティムールからの使者（モンゴル語で「イルチ」といった。ちなみに、「イル」とはモンゴル語で「国・民・人々」を意味する。「チ」は人々を示す末尾辞で、あわせて「国使」を意味する。なお、こうしたことは、遥か昔から普通のことで重要なことに限らず、紀元前のころからそういっていた可能性が高い。それはモンゴル世界帝国時代以来の、ユーラシア世界ではごく普通に知られた呼び名・職掌でもあった。さらに、これ以外にも、モンゴル時代とそれ以降の東西ユーラシアで当然とされたさまざまなことごとが、近代西欧という特殊な曇りガラスでおおわれて〝歴史の真実〟が失われて久しい）をともなってカスティーリャ王国に立ち戻った。かくて、エンリケ三世はその答礼使として、ティムールの首都たる中央アジアのオアシス都市サマルカンドへむけて、正式の派遣団を送ることになったのである。

使節に選ばれたのは、エンリケ三世の側近で下級貴族の出身であるクラビーホのルイ・

ゴンザレス、王室侍衛《じえい》のサラサールのゴメス、そして神学修士でアラビア語にたくみなドミニコ会士サンタ・マリアのアルフォンソ・パエス修道騎士の三人、加えて随行員から成る一団であった。彼らは東方の征服王への国王親書とさまざまな贈物をたずさえた。かくて、一行はアンダルシーア地方を南下し、セビーリャをへてカディスの町に臨むサンタ・マリーア港に至った。時に、一四〇三年五月二十一日、月曜日のことであった。ちなみに、カディスはかのジブラルタル海峡の西にある要衝で、ほど遠くないところには一八〇五年十月に英仏両軍が戦い、ネルソン率いるイギリス海軍がフランス・スペイン連合軍を打ち破った名高いトラファルガー岬がある。

さて、クラビーホは、この日から遥かなる東方への使節行を書きとめることになった。そして、ほぼ三年後の一四〇六年三月七日に一行がセビーリャに戻ったのち、カスティーリャ王国の国王尚書局はクラビーホの備忘録にもとづいて報告書を作成した。中世カスティーリャ語でしるされた浩瀚《こうかん》なその旅行記の名は、『ヒストリア・デル・グラン・タモルラン・エ・イティネラリオ・イ・エナラスィヨン・デル・ビアヘ』、すなわち「大タモルラン（タメルランのこと）の歴史と旅の行程・叙述」という。ふつうには意訳して『ティム

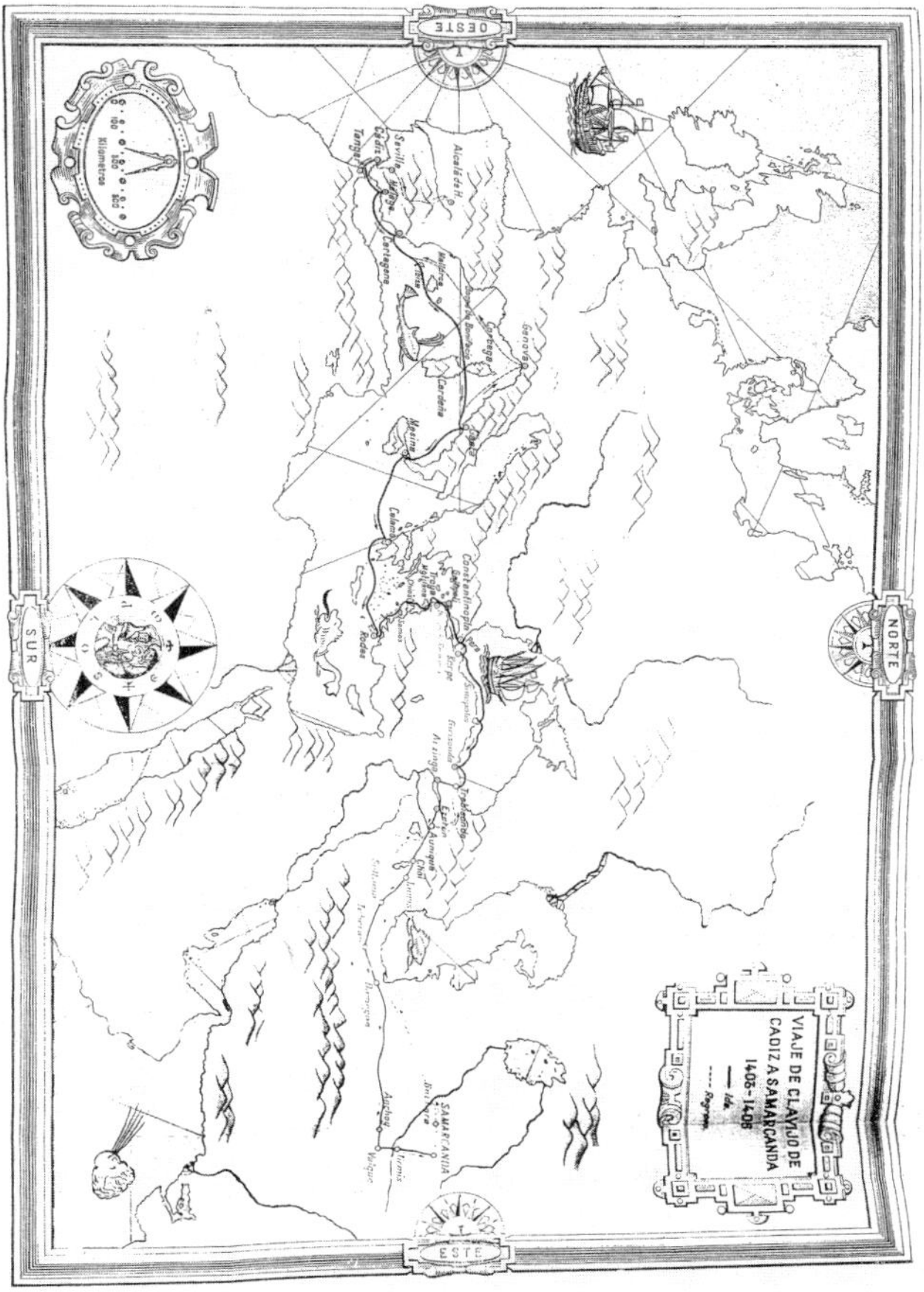

F.L.Estrada, *Embajada a Tamorlan*, Madrid 1943より、15世紀初頭のユーラシアとクラビーホの旅の道のり

ール帝国紀行』といったりする。

なお、日本では一九六七年、中央アジア史家でウイグル文書研究者であった故・山田信夫（大阪大学教授）のル・ストレンジ英訳本からの訳注書が、桃源社『東西交渉旅行記全集』の一冊として出版されている。ただし現在では、最低限フランシスコ・ロペス・エストラダによる二つの十五世紀写本などにもとづく校定本『タモルランへの使節』（一九四三年版・一九九九年版）を利用しなければならない。また、これとは別にスペインのグラナダから『サマルカンドへの旅――タモルランへの使節クラビーホのルイ・ゴンサレスの報告（1403―1406）』という当時の関係旅程地を扱った書物が、まことに美麗な数々の写真・図版・ミニアチュールなどを配して二〇〇九年に出版されており、随分と参考になることを追記しておく。

第二章　地中海、黒海、中央ユーラシア内奥への旅

史上に際立つ稀有なユーラシア往還記

それにしても、あらためて一連のことごとをかえりみると、かのクラビーホたち一行は、まことに不思議な運命を背負った使節団であった。六百十年あまりをこす歳月をへだてて、今こうして彼らの足どりを辿ってみるに、つくづくとそう思わざるをえない。もし、彼らがこうした旅をすることがなければ、そしてまた見事なほど克明に「見たこと聞いたこと」の数々をそのまま率直に書きとめることがなければ、十五世紀の冒頭において、ユーラシアの東西は一体どのようであったのか、彼らが眺めた海と陸、そこにおける各地の様子や佇《たたず》まい、そして多くの人々を巻き込んで繰りひろげられた大小さまざまな事件やことがらは、それとして今これほど定かにはわかることはなかったのではないか。クラビーホたち一行は、そうしたことごとをその当時のみならず、後世のわたくしたちにも伝えるべく、記録者・観察者・伝達者としての時をこえた運命を、思わず知らず背負わされていたのではないかとさえ見えてくる。

ひるがえって、クラビーホ使節団より百年ほどまえ。ユーラシア東西の陸と海の世界を旅し、〝東方事情〟を西方世界に伝えたとされる人物がいる。かの名高いヴェネツィアのマルコ・ポーロである。ただし、マルコ自身、そしてともに旅したというその父および叔父の実像は、実のところいずれもおぼろにかすんで定かでない。また、東方からの帰還後、たまたまヴェネツィアとライヴァル関係にあった強力な通商国家ジェノヴァの牢獄のとらわれ人となっていたマルコ・ポーロという誰かが語り、それをルスティケッロという当時かなり知られていた〝物語作家〟が、イタリア語まじりの中世フランス語で書きとめたとされる「旅行記」なるものは、その後あちこちに枝分かれして、しばしばありもしない尾《お》鰭《ひれ》がついたり、逆に王子様や王女様たちに読んで聞かせるためにひどく簡略化されたりして、実はなんと二百十をこえる写本・異本がてんでに伝わる。しかも、それぞれの分量、内容とも呆れるほどまちまちで、疑問をいいだしたら数限りない。

そのなかで、まだしもましな三つの特別な写本にしても、ある面で確かにアフロ・ユーラシアの状況をそれはそれなりに伝えているところもあるとはいえ、ひどく精粗さまざま、しばしば身勝手でまだら模様の内容といわざるをえない。ひとつひとつの事実についての信頼性は、もとより場合によるものの、おおむね率直にいって決して高くはない。というか、余程きちんとした裏付けを見つけないとあぶない。それに、そもそもいったい誰の（もしくは誰々の）〝見聞〟なのか、それも実ははっきりしないことが多い。客観的な事実として、きちんとした輪郭や具体的な特定性をともなうことははなはだ少ないのである。

つまり、どこかうさん臭いところが漂う、かなり危うい〝記録〟というほかはない。にもかかわらずそのいっぽうで、マルコ・ポーロもしくはマルクス・パウルスという名のヴェネツィア人については、ちゃんと実在したとする記録がのこり、一三二四年にたしかに他界したことが裏付けられる。「マルコ・ポーロ問題」のおもしろさと奇妙さの核心は、まさにそこにある。

いささか繰り返しめくが、ヴェネツィアという当時屈指の通商・貿易の中心地に生まれ、結局はそこで他界した「マルコ・ポーロ」という名をもったある人、およびその周辺の近親者たちと、かたやモンゴル世界帝国が全盛をきわめる巨大な東方を旅し、クビライという帝王に仕え、ときには行政官となって各地に赴き、さまざまな土地や人々、数々の事件や出来事を眺めたとされる人物とは、確実で信頼できる多言語の文献・記録のなかでは、限りなくリンクするところが少ない。

まるで、マルコ・ポーロという名に仮託して、誰かがいろいろな人たちの伝聞や事実の断片を、あたかもパッチワークのように虚実とりまぜ、もっともらしく縫いあわせてこしらえた「おはなし」であるかのように見える。そして、そこにおける劇中人物としてのマルコ・ポーロとその父および叔父は、ユーラシアないしアフロ・ユーラシアという、人類がそれとして初めて自覚した壮大な地平を案内する水先案内人というか、ある種の作られた〝狂言回し〟のようにさえ思えてくる。

ようするに、マルコ・ポーロという名に仮託された『東方見聞録』（なお、これは日本での通称。たとえば、中世フランス語ではドゥヴィーズマン・デュ・モンド、すなわち『世界の叙述』などと呼ばれる）というヨーロッパ発のあやしげな〝物語〟を、そのまま事実だとして鵜呑みにすることは到底できない。そもそも、この不可思議な「旅行記」については、東西にわたる厖大な知識と突出した見識、そしてなにより大変な語学力、さらに加えて卓抜なセンスと鋭い洞察力がなければ手のつけようがない。そして、そのうえでひとつひとつの事柄をきちんと〝腑分け〟してゆかなければ、マルコ・ポーロなるものを扱うことはできない。それくらい厄介で、ひねくれた代物なのである。これを時代の証言などというのは、どこか首をかしげざるをえない。

いっぽう、百年の時をへだてクラビーホたち一行の報告書は、それとはおよそ似て非なるものなのである。クラビーホたちの記録は、まさに「生《なま》の事実」を伝える。記述はすべて、逐一、日付いりでしるされる。まぎらわしいところ、うろんな書き方など微塵《みじん》もない。彼らはユーラシアの激動のさなかを船と馬で旅し、はるばるとティムールの本拠地であった中央アジアのサマルカンドに至った。そこで、大いに歓待され、ふたたび同じ道をへてカスティーリャに戻った。往還の間、まことにさまざまなことを見聞した。すなわち、海・山・港・船・街道・宿駅・町・要塞・都市・都城はもとより、各地の人々やその環境・暮らしぶり、そこでの風光・風習・景観・建築・産業・産物、さらには軍事や土木そして宮廷といったことごとについても、まさに自分たちの目で眺め、かつはしばしば驚くほどの実体験を味わった。また、当然のことながら、海難や野伏《のぶせり》へのおそれ、旅程についての不安などが、そのままダイレクトに伝わってくる。

またときには彼ら自身がアクター、演じ手でさえあった。旅の途次のみならず、とりわけティムール宮廷におけるクラビーホたちの振舞いと存在そのものが、まさに「外交」なのであった。そして、さらにいくつかの激しい戦闘と、その結果としての権力のゆくえや消長を直接・間接に体感した。そしてこれが肝心なことだが、彼らはそうしたまことにさまざまなことごとを隈なく文字化した。その結果、人類史上ほとんどはじめて、ユーラシア東西にわたるかたちでの歴史の現実と時代の胎動が記録され、かつはそれを確かな姿で後世の人々に伝えのこしたのである。まさに、時空をこえた報告書、もしくは稀有の往還記だったといっていいか。

ティムールとバヤジト、東西勢力の激突

さて、いくらか時間が前後するが、カスティーリャとレオンの若き王エンリケ三世のもとより、クラビーホ以下の使節団が、おそるべき勢いでユーラシアを席捲しつつあったテ

ィムールのもとへ送り出されることになるわずか一年まえのこと。イベリアの地から眺めれば、遥かなる地中海の波濤をこえ、およそ三四〇〇キロメートル——。東の彼方といっていいアナトリア高原の中央域で、東西ふたつの大勢力による直接対決の大合戦がおこなわれた。事と次第によっては、その後の世界のゆくえを大きく左右することにもなりかねなかった。ともかく、いずれにとっても、重大な戦いであった。

東からは、もとよりティムールとその麾下《きか》の遊牧騎馬軍団。ティムールという一代の梟《きょう》雄《ゆう》は、その時すでに六十六歳。当時としては、もはや老雄といってさしつかえない。しかし、なお全軍を指揮して陣頭にあった。かねて、中央アジア・西トルキスタンを本拠地として、北はキプチャク大草原からルースィ（ロシア）にかけて、南はインド亜大陸の北半分を掃討し、西はイランから中東各地を切り従えて、今や小アジアに迫らんとしていた。

かたや西からは、ドナウ河に至るまでのバルカン一帯の征服をすすめつつ、ユーフラテス河以西のアナトリアなどの諸地方を支配下に置いて、さらなる拡大をはからんとする日の出の勢いのオスマン君主バヤジト一世が迎え撃った。バヤジトのあだ名はユルドゥル、すなわちテュルク語で「電光」。年齢は定かでないが、おそらくは四十二歳くらい。当時としてはほぼ一世代、ティムールよりバヤジトのほうが若かった。

一四〇二年の決戦にあたって、東西ふたりの領袖《りょうしゅう》がどのような言動を示したのか、またどんな激しいやりとりが両者の間にあったのか、まさにクラビーホたちがあれこれと書きとめている。結局のところ、クラビーホたちは勝利者となったティムール側に立って、ことの大小にいたるまで記録するほかはなかった。おそるべき統率者にして、場合によっては十分にヨーロッパへの侵略者となったかもしれない超絶の武力の持ち主を、イベリアからの使節たちは、当然のことながらきわめてマイルドに記述するほかはなかった。というよりも、クラビーホたちはバヤジトとその権力を押しつぶした帝王ティムールの〝まろうど〟として驚くほど歓迎されたのであった。外交的にも、また当のクラビーホたち一行にとっても、ティムールについて批判的なことをしるすことはありえなかった。それどころか、クラビーホたちの目には、おそらくこのときティムールとその麾下の軍団は、まさにユーラシア世界を併呑する力をもっているかにさえ思えたのではないか。ともかく、クラビーホたちの報告書が、ティムールとそのパワーに関して、つねに限りない慇懃《いんぎん》さと賛美でもって綴られているのは不思議でもなんでもない。

さて、その東西決戦の舞台となったのは、現在トルコ共和国の首都となっているアンカラ、当時の呼び名ではアンゴラの近郊であった。なお、これはまったく余談ながら、もともと「アンゴラ」というのはギリシア語での表現。アラビア文字でも、ほぼ似たかたちで「アングーリーヤ」と綴る。つまり、史上まれに見る東西勢力が真正面から戦う戦場となったところの呼び名は、アンカラ、アンゴラ、アングーリーヤ、そのいずれでもかまわない。そもそも、こうした時の権力者どうしがみずから先頭に立って、文字どおりの〝力勝負〟を挑み合うということがらそのものが、ふつうにはそうありえることではなかった。それくらい、両者ともに〝昇る朝日〟というか、騎虎《きこ》の勢いに溢れていた。東のティムール、西のバヤジトともに、負けというものをほとんど知らず、ありあまるほどの自信に満ちていた証左であったといってもいい。

クラビーホたちは、決戦に至るまでのいくらかの応酬、とりわけバヤジトが発した威丈高なことば、そしてティムールによる国境の町シヴァスの破壊、その仕返しとしてのバヤジトによる要塞アルジンジャンの奪取という一連のことがらを、やはり克明に記録する。もともと、アルジンジャンの領主は、きわめて古い歴史の伝統があるアルメニアの皇子でタハルテンといい、領域のさかいをスルターン（君主）・バヤジトのそれと接することになってしまっていた。急速に勢力を拡大していたバヤジトは、東方へのいっそうの進出をはかるため、その足掛かりとして豊かなタハルテンの所領を欲し、なかでもとくに堅固で名高いカマグ城を強く所望した。

しかし、明らかにアルメニアの所領をねらって、さまざまに圧力をかけてくるバヤジトに対して、独力ではもはや対抗できぬタハルテンは、中央アジアからさらにイラン方面を切り従えて、今や覇業の轟《とどろ》くティムールを頼ることに決した。ティムールのほうもまた、好機到来とばかりにすぐさまこれに応じてスルターン・バヤジトのもとに書簡を送り、タハルテンが自分に臣従したこと、そして以後はタハルテンへの圧力を認めないこと、もし事があればそれはバヤジトに責があるということを申し渡した。ここに、東西決戦の構図が出現した。

クラビーホたちの報告書は、まるでその場ですべてを見たかのようにヴィヴィッドに綴られる。おもしろいことに、このときまでバヤジトはティムールについてまったく知らなかったという。これはおそらく事実ではない。バヤジトは十二分すぎるほどに、東方の老王とそれに率いられた巨大戦力を熟知していたにちがいない。ちなみに、ユーラシアの東西が海陸ともに確実にむすばれたモンゴル時代以後は、駅伝なども整備され、ユーラシアの情報はほぼ四通八達に近かったと見られる。まして、バルカンやギリシア方面のみならず東方への拡大も十分な意欲のもとにはかりつつあるバヤジトが、そのことを知らぬはずはなかった。バヤジトは「知らない」ということで、ティムールを虚仮《こけ》にしたといったらいいか、わざとなみする態度を採ったのである。もっともこのあたりのやりとりは、どこか莫迦莫迦しいところも否めない。またクラビーホたちも、それを十分に承知のうえで書いている。

ティムールからの手紙をもって使者がやってきたとき、バヤジトは大いに怒り、すぐさま返状を送ったという。すなわち、自分に肩を並べるものはこの世界にはいないとティムールを罵倒し、二度と自分に対して無礼なことをせぬようティムールを打ち負かして捕虜とし、その后《きさき》を奴隷にしてみせると述べたという。またティムールのほうも、では目にもの見せてやると、そのころ冬営地にしていた現アゼルバイジャン（カスピ海西岸）の「カラ・バーグ」（テュルク語・ペルシア語で「黒い庭」の意。ちなみに、「カラ」とは「黒い」の意とともに「北」の意味もあり、おそらくはここでもその意で使っている）を発し、みずから先頭に立って西進したとクラビーホたちはしるす。まるで子供の喧嘩のようなこうしたやりとりは、結果として敗者となったバヤジトを貶《おとし》め、無敵の帝王と化したティムールを褒めたたえるかの如くである。

ティムールの進撃に対して、バヤジトは長子スレイマーン・チェレビーに一軍をさずけて先発させた。その数は二十万の騎馬であったとしるされるが、実数ではないだろう。

それからあれこれとあって、ティムールはシリアに向かい古都ダマスクスを攻略した。だが、しばらくののち、ティムールとバヤジトはそれぞれいったん自国に戻り、使者を送り合ったが、結局のところ和平はならなかった。ところがそのとき、コンスタンティノープルのビザンツ帝国皇帝マヌエルやジェノヴァ貴族たちが、ティムールに対し、バヤジトと戦うならばガレー船（地中海で使われた櫂と帆を併用した軍船のことで、この当時では大型化し、帆走技術にすぐれ、スピード・機動性もあった）を送って支援しようと申し出てきた。この時点で、ギリシア側、つまりヨーロッパ本土に渡っていたテュルク軍は、ふたたび小アジアへ戻ることが困難となり、その分だけティムールは有利となるだろうと彼らはいうのであった。きわめてもっともらしく、また冷静な判断といってよかった。また、そのさい資金援助も約束した。

長らくコンスタンティノープル防衛に苦慮してきた皇帝マヌエルとしては、積年のテュルク軍の脅威とそれへの怨みから、ティムールと連携してバヤジトを倒そうというねらいであった。さらに、随分とまえからコンスタンティノープルとその一帯において地盤を築き、ダーダネルス海峡・マルマラ海・ボスポラス海峡をおさえ、さらには黒海・ロシア方面にも進出していたジェノヴァ貴族や同国の商人たちもまた、テュルク勢力の打倒・没落への好機と判断したのである。このあたりのビザンツ皇帝とその周辺の抜け目なさは印象深い。もっとも、この程度の提携や同盟は当然のことだったろう。ともかく、ティムールという巨星の出現とその西進という好機をとらえて、バヤジトを追い落とさんとする包囲網ができあがりつつあった。

ティムール軍は東のかたイランの地を発して、怒濤のように、アルジンジャン方面からシヴァスの町を経由して、スルターン・バヤジトの領域を侵犯していった。バヤジトは、その知らせを聞くと、ただちにすべてを投げ出して、高度一〇〇〇メートル内外の高原が広がるアナトリアの中央部、堅固な城と糧食・軍事物資が蓄積されていたアンゴラへと移駐した。そのうえで、みずから戦陣に立ってティムール軍を迎撃しようとした。しかし、長年の修羅場に立ってきた老将ティムールの用兵は、バヤジトより二枚も三枚も上手《うわて》であった。彼は正面からティムール軍をとらえようとするバヤジトの思惑を察すると、自軍の針路を巧みに変更しつつ敵軍を振りまわした。両軍は向かいあうことなく、山岳地帯で八日間にわたって〝追い掛けごっこ〟を繰り返し、やがてティムールはバヤジトが兵站《へいたん》を置くアンゴラに向かった。バヤジト軍は奔走させられた挙句に疲れ果て、そのうえでの戦闘となった。結果は見事なほどに鮮やかであった。テュルク軍は大敗し、バヤジトは捕虜となった。軽装備で馬を疲れさせない展開力に富む中央アジア軍団の戦法が、重装備で移動性に欠けるテュルク軍を凌駕したのであった。

ここに世界の図式は、いったん大きく塗りかえられかけた。バヤジトは虜囚《りょしゅう》の憂き目にあったまま、翌年に病死した。一本道の昇り坂にあったかのように見えたオスマン権力は、この大敗北によって、事実上いったん滅亡したともいっていいほどの危殆《きたい》のなかに浸《ひた》りこんだ。かくて、オスマン朝なるものは、十一年間にわたる空位時代を迎えることとなる。

ところが、それでもなお、オスマン権力はしぶとく生き残って、やがてふたたび徐々に蘇り、それからちょうど五十年後の一四五三年に周知のようにコンスタンティノープルを陥落させ、そこを帝都としてやがてオスマン帝国は全盛期を迎えることになる。そののちオスマン帝国なるものは屈指の帝国として大いに繁栄し、かの第一次世界大戦においてさえなお片方の主役といってもよく、二十世紀の二〇年代までその〝よすが〟はつづいたのであった。なお、こうしたことは歴史の変転のなかでままあることではあった。

いっぽうこれとは反対に、東西決戦に大勝利してユーラシアの運命をいったん握るかに見えたティムール権力はといえば、しばらく時の経過があったのちティムールという、ほとんど唯一といっていい肝心かなめの主柱が他界することによって、巨大領域は一気にまとまりを失って複数の「分国」、もしくは大小さまざまな地方権力の並存状態となり、それぞれがたがいに争いつつ、さらなる解体へと墜《お》ちゆくことになる。敗者は必ずしも最終の敗者ではなく、勝者もまた長らくどころか、またたく間に分裂と衰退の淵に沈んでゆくこととなるのである。「運命」というものの不可思議さは、ここにおいてもまこと鮮やかといわざるをえない。

ただし、ここであえてひとこと。もし、かのティムールがまだしばらく在世していれば、世界はより大きく変容したかもしれない。よく知られているように、バヤジトを倒して西征から帰還した老将ティムールは、自分の生涯のフィナーレとして、自分たちの権力のおもとであったかの「モンゴル世界帝国」を再現せんと、東に向かうことになる。それはほとんど、意地にも近い東征であった。おそらくまずは疑いなく、ティムールは明帝国の大混乱をよく知っていたに違いない。自分がなんとか中華世界へ辿り着くことができれば、明の軍事力などどうということもないと考えていたはずであった。

ティムールにとっては、人生最後の仕上げであった。なおいくらかの余命があれば、ひょっとするとかのモンゴル帝国をも上回る歴史上かつてない巨大帝国が出現する。それが人生のフィナーレと思っていたかもしれない。

そのいっぽう、まさに東方では、かの「大元大モンゴル国」もしくは「大元ウルス」の天下をほとんど〝詐取《さしゅ》〟したといってもいい明という権力は、初代の洪武帝・朱元璋の死後、南京の建文帝政権と当時の北平（現・北京）に拠る燕王、すなわちのちの永楽帝・朱《しゅ》棣《てい》とが争いあい、中華の南北をつらぬいて騒乱と殺戮《さつりく》の修羅場となっていた。もし、ティムールに余命がいくばくかあれば、はたしてどのようになっていたか――。しかし、それもまた天の命、いいかえれば「運命」というしかない。かくて露伴の『運命』の真髄は、まさにこれからその構図を明らかにしてゆくのである。

＊コラム＊ 天与の地、イスタンブルでの想い

わたくしごとで、大変申しわけありません。わたくしども一家は、といっても妻と息子、そしてわたくしの三人ですが、一九八六年に勤務先より一年間の暇をいただいて海外に渡りました。アメリカにおいては、ハーヴァード大学は率直にいって失望でした。あくまで文系のことですが、文献や史資料は乏しく、基本的な図書も不十分で、これならわたくしが在籍する京大をはじめ、日本の主要大学のほうが遥かにましといわざるをえませんでした。ただし、さすがに天才じみた好青年がひとりおり、結局のところ、彼はそのあとわたくしのところへ留学し、その後いったん国際的活動で巨万の富を築き、今はなんと、本当の世界史を作るのだと、隠者のような生活をしつつ世界中をとびまわっています。ライヴァルはわたくしなのだそうです。是非みなさん、とてつもない世界史がいずれ出現しますので、乞うご期待。

さて、その後は中国で数々の遺跡や史蹟、また大変な文化財などをあれこれ眺めました。一

九八六年というと、中国はまだまだ過去のなかに生きているような状態でした。わたくしどもは、少なくとも北中国の主要な遺跡や文化財はかなり目にすることができました。本当に、お世話になったさまざまな人たちに、御礼を申し上げたい気持で一杯です。

その後、ヨーロッパに赴きました。ケンブリッジ大学のマクマレンさんやマクドゥーマトさんのお世話になりつつ、そのいっぽうケンブリッジが保有するおそるべき数々の収蔵品には、舌を巻くというか、ようするにイギリスはさまざまな経緯と手だてで、世界各地からふんだくったとはいいませんが、まあ本当にすごいものだなと、あきれかえりました。まさに帝国主義とはこういうことをいうのだろうと、今更ながらにありし日の大英帝国なるものの栄光を偲ぶほかはありませんでした。

しかし、そうしたもろもろを越えて、わたくしども一家にとっての旅はイスタンブルこそが目的でした。しばらく西ドイツ（ちなみに当時は東西ドイツのふたつに分かれていました）のハイデルベルク城のすぐ裏山、ボックスベルクリンクというゲストハウスに暮らしたのち、イスタンブルに赴きました。イスタンブルは、まったく〝天与の地〟というべきところでした。それはそうでしょう、かつてのコンスタンティノープルは、もともとローマが移ってきたところ。陸と海が見事なまでに配合され、およそこの地上のなかでも、これ以上はほとんどありえない美しさでした。妻とまだ幼い息子、そしてわたくし。イスタンブルは、わが家にとって特別なところとなりました。

のちに、ＮＨＫとＢＢＣとの提携で「大モンゴル」という特別番組が企画され、わたくしはあれこれと忙しくなりました。番組づくりのポイントのなかでも、とりわけて大切なのは、かのトプカプ・サライ博物館とそこに収蔵されているミニアチュール・文書群・陶磁器・文化財の数々なのでした。ちなみに、イスタンブルはもとより、トプカプ・サライ博物館も、今や世界各国の旅行者たちで溢れています。

ふりかえって、かのクラビーホ使節団は、イベリアからはるばるとティムールなる〝怪物〟に会うために、一体どんな思いでやってきたのか、また大地と海とが見事なまでに交わる特別なこの地で、なにをどのように想ったのでしょうか。少なくともユーラシア大草原とはどんなところかを想像し、そしてやたらに攻撃的な騎馬軍団の噂をし、さらにはティムール、もしくはタメルランと呼ばれる謎に満ちた将帥の人物像をさまざまに思い描き……。クラビーホ使節団は、あれこれと探査しつつ、自分たちのこれからのゆくえを考え、それにどう対処すべきか、おそらくは必死に計っていたことであったでしょう。ティムールという人物の動向ひとつで、当時の世界のかなりの部分が大変容する時だったのです。

第三章　運命の出会い――ティムールとイブン・ハルドゥーン

不思議な邂逅

歴史はときどき、思いもかけない演出をしてみせる。一四〇一年、かたや世界史上でも屈指の驍勇《ぎょうゆう》にしておそるべき征服王といっていいティムールと、かたや人類史上でも突出した歴史家にして思想家・文明史家というべきイブン・ハルドゥーンのふたりが、中東の中央域、地中海からもそう遠くないディマシュクの町の城外で会見することになった。まったく正反対といっていい人生を歩んできた両者が、ここにめぐり会った。ほとんどそれは、運命のいたずらとでもいえるものだったかもしれない。

ちなみに、ディマシュクはアラビア語でのいい方。ふつうには、西欧風にダマスクスと呼ばれることが多い。現在はシリア・アラブ共和国の首都となり、このところの〝中東変動〟というはちゃめちゃな状況下、あくまでも大統領としての権力を手放そうとしないバッシャール・アサド以下のまさにまがまがしいものたちも含めて、ここ数年来の動乱どころか、この文章を綴っている二〇一四年十月の時点で、今もなおまさに混沌たるさなかにある。

かえりみて、まことに単純なアメリカがよくもわるくも、かのイラクのサッダーム・フセインの政権をすりつぶしてしまった結果、かえって中東情勢がこれといった〝核〟のない糜爛《びらん》状態におちいってしまい、収拾がとれなくなっている。さらには、「イスラーム国」なる不可思議な集団が出現し、事態をいっそう混沌としたものにしている。決定力があるのはアメリカだが、オバマ大統領の意気地のなさというか、とにかく決断できない。もっと前にシリアをたたいておけば、こうはならなかった。オバマのなさけなさはひどい。じつのところ、世界の多くの人たちは、ヒラリー・クリントンを中心とする女性の幾人かに期待している。もっとも、女性の決断力はもともと昔から明白であって、今後はますます女性閣僚の決定力、そしてあるいはそのための危険やマイナスも出てくるかもしれない。とはいえ、白黒はっきりできない男性よりも、女性の割り切りは、はるかアダムとイヴの時代から自明のことだったのであろうが。

なお、アラビア語で「シャーム」と呼ばれるシリア一帯は、もともと現在のレバノン、ヨルダン、イスラエル、パレスティナも含めたかなり広い領域をさし、「歴史的シリア」とも呼ばれる。アジア、ヨーロッパ、アフリカという三つの陸塊をむすぶ交通の要衝で、イスラーム、ユダヤ、キリストの三教のみならず、それぞれ由来のあるさまざまな分派・諸派が乱立する。人種構成も、まことに複雑・多様というほかない。

かえりみて、六百年以上もまえ。すでに述べたように、東の覇王ティムールとバルカン・アナトリアの王者たる西のバヤジトが真正面から直接に激しくたたきあうことになる一四〇二年の大決戦の前々年のことであった。戦いに先立って、本拠地である中央アジアからアルメニア、アゼルバイジャン、さらにアナトリアに向けて一気に西進してきたティムールとその麾下《きか》の遊牧騎馬軍団は、一四〇〇年の十一月、突如としてアナトリアの東部から鋒先を南に向け、いわゆる中東の地へと転進した。

なお、これは純粋に余談だが、「中東」（ミドル・イースト）といういい方は、米国の海洋政策を推進した、かのアルフレッド・マハンによる二十世紀はじめの造語である。率直にいって地政学的な見地から眺めても、あまりに大雑把すぎ、決して妥当な括《くく》り方・地域名称とは思えないが、あくまでもここでは便宜上で用いることにしたい。本当は、もっと現実にふさわしい誰もが納得する括りと名称を、国際的にきちんと創るべきだろう。ちなみに、これまた重ねて蛇足ながら、マハンはかの日本海海戦の作戦参謀で、日本に劇的な大勝利をもたらした秋山真之《さねゆき》の先生であったことでも知られる。

さて、シリアに討ち入ったティムールの大軍団は、騎馬の機動力を生かして各地を嵐のように席捲しつつ、シリア北部の屈指の要衝、アレッポの町を攻略した。アラビア語で「ハラブ」という名のこの都市は、なんと紀元前二十世紀というおそるべき古い時代にさかのぼるエジプトの記録にもその名がしるされているように、いわば世界でも最古級の歴史をもつ町のひとつであった。そのため逆に、ミタンニ、ヒッタイト、アッシリアといった古代国家に始まるさまざまな勢力の侵入や支配を、実に長い間こうむりつつも、時代をこえて東西貿易の中継地として連綿たる歩みをつむいで生きつづけ、現在は人口二百万を数えるシリア第二の都市である。

ともかく、アレッポを陥《おと》したティムールとその騎馬軍団は、直線距離にして三七〇キロメートルばかり南方に位置するシリア最大の要衝たるダマスクス、すなわちアラビア語で

「ディマシュク」の町をめざして疾風のように快進撃をつづけた。そして、その報が、エジプトはマムルーク朝の首都であったミスル・アル・カーヒラ（アラビア語で「勝利者の町」を意味する）、すなわちカイロにも衝撃をもって伝えられたのであった。当然ながら、マムルーク朝とカイロは震駭《しんがい》した。

ここでいくらか時をさかのぼると、いわゆるマムルーク朝という名の諸種族混成の軍事権力体は、かつてほとんどすべてを呑み込むが如くに怒濤の進撃を展開していたモンゴル帝国の遠征軍を、一二六〇年にパレスティナのアイン・ジャールート（アラビア語で「ゴリアテの泉」の意。『旧約聖書』に名高い若きダヴィデが、ペリシテ人の巨人ゴリアテを倒した伝説の地）の戦いで食いとめ、その後は傀儡《かいらい》のカリフを擁立して、マッカ（いわゆるメッカ）、マディーナ（同じくメディナ）、イェルサレムの「三大聖地」を握りつつ、スルターンという名の〝執権〟政治を展開していた。

それはどこか、ほぼ同時代の鎌倉日本における北条執権とその幕府を思わせるところがある。もっとも、当時のアフロ・ユーラシア全体を見渡せば、東西ともにほとんど軒並み〝武士の時代〟であったといっていいか。ちなみにそのころ、中東で頭抜けた巨大都市は、

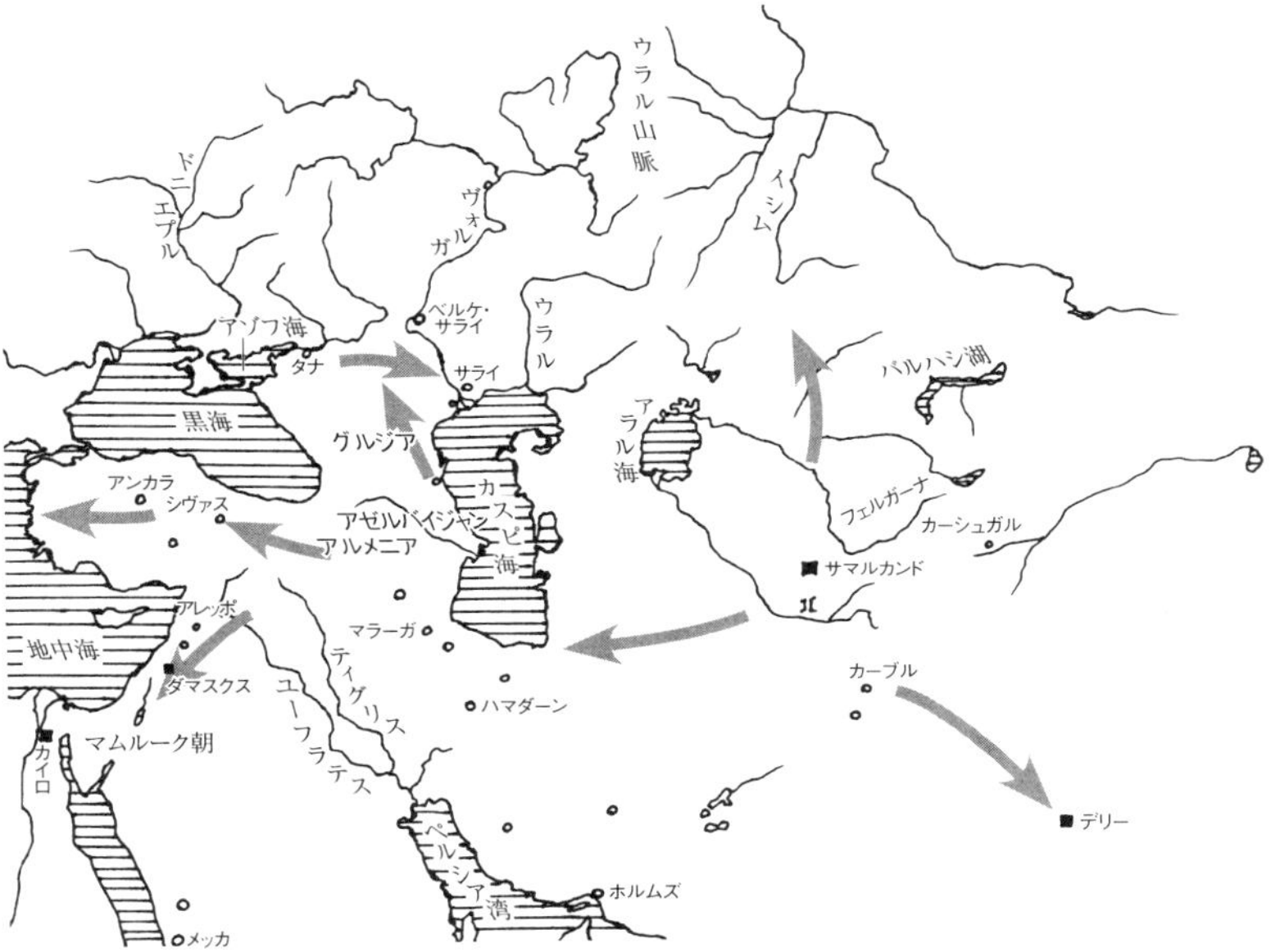

ティムールの大侵攻

まさにカイロであった。中東の各地から、さまざまな人々がゆきかい、文明・文化・経済・通商の文字どおりの中心地として繁栄をきわめていた。そして、それに準ずる第二の要地が、まさにダマスクスであった。

　そうしたところへ突如として、降って湧いたような〝蛮族〟の出現であった。おそらくは真の実力以上に、兵力・機動力ともに強力きわまりない無敵の軍団とイメージされたティムール軍の襲来は、当時ちょうど百五十年の歴史を数えるマムルーク軍事政権にとって、百四十年まえのアイン・ジャールートを思わせる存亡をかけた出撃となった。つまり、ダマスクスの地が中東のゆくえを左右する焦点として浮上したのであった。

マムルーク朝の出現とその内実

ここでいったん脇道にそれるかたちになるが、マムルーク朝と「マムルーク」なるものについて、ひととおり説明しておきたい。もともと「マムルーク」とは、アラビア語で奴隷のことであった。なかでも、テュルク系もしくはチェルケス系といった広い意味での〝白人奴隷〟をさす場合が多い。これに対し、「アブド」というやはりアラビア語があるが、あくまで宗教思想上での「僕《しもべ》」をいい、自由人に対して他者に依存し自由をもたないものをさす。従来、「アブド」はしばしば〝奴隷〟と訳されてきたが、いわゆる近代の奴隷制とは異なり、他者の指示によって行動するものを「アブド」と呼び、たとえば〝アッラーのアブド《しもべ》〟というようにきわめて宗教色の濃いものであった。

ひるがえって、イスラーム世界にあっては、奴隷を軍人として使うことは古くからあった。とりわけ、アッバース朝のカリフであったムスタスィムのときに、大量の中央アジア出身兵が導入され、そのなかでもテュルク系の奴隷をあがなって軍事上の中核部分を構成せしめた。以後、「グラーム」と呼ばれる奴隷出身軍人が常備軍となり、やがてそれらは「マムルーク」と呼ばれるようになった。ようするに、本来は奴隷出身ながら、支配階層のエリート軍人に変じたのであった。そして、そのもともとの出身地が広く中央アジア、もしくはチェルケス地方なのであった。

たとえば、チェルケスとは現在のロシア連邦でいえば、北カフカース一帯に居住する人々をいう。自称は「アディゲ」といい、連邦内のいくつかの共和国に居住する人たちの総称で、人種としてはコーカソイドである。広義では、グルジア人、アブハーズ人（もしくはアブハジア）、アバサ人などもこれに含まれる。ともかく、そうしたもろもろの状況がかなり久しくつづいたのち、やがていわゆるマムルーク朝が出現する。その直接のきっかけは、〝外圧〟であった。

すなわち、「サン・ルイ」（聖王ルイ）の名で知られるカペー朝のフランス国王ルイ九世は、イスラーム打倒の〝聖なる大志〟を抱いて大船団をもよおし、一二四八年、南仏はプロヴァンス地方の地中海北岸に新たに設営したばかりのエーグ・モルトの港を船出した。かくて、人馬ともに大小の船に乗り込んで、地中海を東へと向かい、かねて大量の食糧や各種の物資を蓄積していたキプロス島にいったん上陸した。そして、そこを直接の〝前線基地〟として、ほぼまっすぐ海上ルートで真南にエジプトへと向かったのであった。こうしたフランス軍の襲来は、かの英雄サラーフッディーン（いわゆるサラディン）に発するものの、すでに久しく分権的支配が色濃く、事実上ほとんどバラバラに近かったアイユーブ朝にとっては重大な危機となった。

ひるがえって、そのほぼ六十年まえの一一八七年、エジプトとシリアの統合に成功したクルド出身のサラーフッディーンは、西欧側の十字軍に対する〝ジハード〟（聖戦。神のために自分を犠牲にして戦うこと）を本格的に展開し、ティベリアス湖の西方、ヒッティーンの戦いで圧倒的な勝利をおさめた。そして、余勢をかってイェルサレムも攻略した。これに対して、一一八九年に有名な第三回十字軍がもよおされ、神聖ローマ皇帝フリードリヒ一世（バルバロッサ）、フランス王フィリップ二世、イギリス王リチャード一世（獅子心王）の三人がそれぞれ大軍を率いて陸路を東進した。

しかし、相互不和や不信が激しく、ともかくも小アジアに迫ったものの、ドイツ帝は溺死し、英仏両王は対立して、リチャードひとりサラーフッディーンと戦った。そして、史上に名高い三王による遠征は、次第に尻すぼみとなり、一一九二年アッカー攻防戦ののち結ばれた停戦協定で、サラーフッディーンはイェルサレムを含むパレスティナの領有権を承認させたのであった。

さて、十三世紀のなかばころにあっては、海上侵攻は決して容易とはいえなかった。サン・ルイの艦隊のうち、風にわざわいされてキプロス島に吹き戻されてしまった艦船も相当な数にのぼった。ちなみに、わたくしも多少なりと経験があるが、地中海は、実はかなり危険な海である。それでもルイの艦隊はなんとか、ナイル河口の要衝ダミエッタの近くに到着した。当初は危険で困難かと思われた上陸作戦であったが、エジプト側の失策もあって、幸運にもほとんど無傷で上陸したフランス軍が、しばらくは圧倒的に押しまくり、エジプト征服は日ならずして成就するかに見えた。

ところがその矢先、思いもかけぬ事態がフランス軍に出現した。将帥・兵士たちともども、あいついでバタバタと倒れたのである。まさに壊血病――ヴィタミンC不足が原因であった。フランス軍は文字どおり自滅・自壊し、多くの将兵は捕虜となった。

フランスを含め、当時のヨーロッパ諸国はほとんどレモンなどの効用を知らなかった。ちなみに、アジアの船に壊血病はなかった。ほぼ同時期のモンゴル世界帝国では、たとえば貿易港として名高い泉州《せんしゅう》には、レモン栽培農場があった。漢字では「里木《リームー》」、すなわちレモンのことである。当時の国際語であるペルシア語、アラビア語でも、「リームー」もしくは「リームーン」といった。それどころか、レモンによる〝シャルバト〟(現代語の「シャーベット」はこれに因む)が快適な飲料として作られていた。

かくして、フランス軍の文字どおりの自滅で、アイユーブ朝とエジプトは救われた。ルイ九世以下は捕虜となり、長い捕囚生活を送ったのち、五年後の一二五四年になって帰国した。その間、サン・ルイのいかにも王者たるにふさわしい堂々たる言動と見事な振舞いは、エジプト側を感服せしめたという。

かたや、アイユーブ朝における事実上で最後のスルターンとされるサーリフは、かねてテュルク系マムルークを大量に購入し、「バフリー・マムルーク軍団」を創設した。一二四九年、そのサーリフが他界すると、彼に直属するマムルーク軍士たちがクー・デタを起こしてマムルーク朝が成立した。とりわけ、アイン・ジャールートの英雄バイバルスが、第五代スルターンとなって国家体制をそれなりにととのえ、以後は第八代のカラーウーンとモンゴルの血を引くその息子ナースィル・ムハマドのもとで、イラン方面のフレグ・ウルス（モンゴル世界帝国の〝分国〟のひとつ。一般的には「イル・ハン国」ともいうが、それは西洋人による誤称である）との和平を実現し、国内も安定して通商・文化の花が開いた。

こうした状況をよくもわるくも変えたのが、一三八二年にクー・デタを起こしてスルターンとなったバルクーク（在位一三八二―八九、一三九〇―九九）であった。彼をさかいに、それ以前をバフリー・マムルーク朝、以後をチェルケス・マムルーク朝と区別する。スルターンとなったバルクークは、チェルケス系のマムルークたちを大量導入して、従来とは異なる新たな体制をつくってゆく。ところが彼は、まさに道なかばの一三九九年に食中毒で他界し、わずか十歳にすぎない息子のファラジュがスルターン位についた。

所詮、ひと皮むけば、軍閥の寄り合い所帯にすぎないといっていいマムルーク政権では、武将たちの結束は容易でなく、〝副都〟にも相当するダマスクスの太守が反旗を翻した。かくて、翌一四〇〇年三月、まだ幼いスルターンをいただいて鎮圧軍が発進し、反乱者を処刑して、ひとまずなんとか切り抜けたばかりであった。ところが、それからそう時をへずして、梟雄《きようゆう》ティムールひきいる遊牧騎馬軍団の怒濤の進撃が伝えられたのである。

ふたたび幼きスルターンをかついで、未知の敵ティムール軍を迎え撃つべく、マムルーク軍団はすぐさま全軍をあげてダマスクスへと北上した。そのとき、イスラーム世界を代表する「知の巨人」、かのイブン・ハルドゥーンもその陣中にあった。彼自身、必ずしも望んだ随行ではなかったのではあったが。しかし、その結果、まことにおもわざることながら、稀に見る出会いがそこに出現することになったのであった。

イブン・ハルドゥーンとその故郷

イブン・ハルドゥーンという突出した人物の生涯と、彼が後世にのこした巨大な思索・思想体系を、今ここでとりまとめて述べるのはそう簡単なことではない。とはいえ、幸いなことに彼自身の手になるアラビア語の『自伝』がのこる。そして、なんといっても森本公誠全訳・解説『歴史序説』（全四冊、岩波文庫、二〇〇一年）が出現して、イブン・ハルドゥーンは格段に身近なものとなった。見事な翻訳は、筆者を含めた読者にとって、珠玉のような賜り物である。心より深謝の微意を表したい。

長年にわたり東大寺の要職を歴任し、二〇〇四年から二〇〇七年までは華厳宗管長・東大寺別当をつとめられ、今も東大寺長老として内外で活躍される森本師は、よく知られているように日本を代表するイスラーム学者でもある。イスラーム社会経済史にかかわる数々の論著はもとより、仏教者としても二〇〇六年には『世界に開け　華厳の花』（春秋社）を、さらに二〇一〇年には平城遷都一三〇〇年・光明皇后一二五〇年御遠忌記念として大作『聖武天皇――責めはわれ一人にあり』（講談社）と浩瀚《こうかん》な書物を相次いで出版され、これまでともすれば繊細でひよわいイメージで語られがちであった聖武天皇像の見直しを、鋭く世に問われた。多方面にわたるひたすらな精励と努力、そして無私の心。常にひらたく、やさしく語りかけるおだやかな笑顔。日本仏教の根本をささえつつ、まったく対極にあるかに見えるイスラームにも通暁し、広く内外さまざまな人々の求めに応じて、文字どおり三面六臂の活動をつづけられる姿は、筆者には現代の聖人に思える。以下、イブン・ハルドゥーンにかかわる記述は、おおむね師の翻訳・解説に依拠することを、ここに明記しておきたい。

さて、イブン・ハルドゥーンは一三三二年五月二十七日、地中海の南岸、北アフリカのチュニスの有力な家柄に生まれた。日本では、後醍醐天皇が北条氏の幕府を打倒する前の年のことである。チュニスといえば、遥か昔、ローマ帝国のライヴァルとして地中海の覇権を争い、いったんは甚大な危機にまでおとしいれたかの雄将ハンニバルの故郷、すなわちかつてのカルタゴ近郊の地であった。チュニスは目の前にシチリア海峡をへだてて、北東に大きなシチリア島が浮かび、さらにごく狭いメッシナ海峡をへてイタリア半島へとリンクする。ようするに、地中海の東西をその中央で扼《やく》する位置にある。まさに、地政学上のかなめに相違ない。

ここでいったん、ふたたび脇道にそれるかたちとなるが、チュニスとその周辺から始まって、地中海域で最大の島シチリア、そして南イタリアの地にいたるまで、おおむねはコバルト・ブルーに光り輝く海と陸のつながりが、はたして歴史をどのように演出してきたか、そのあらましをひととおり一瞥《いちべつ》しておきたい。地中海に架橋するかのようなその独特のエリアの歩みを眺めると、波乱と対立、融和と混住、そして共存と平和の諸相がそこにあったことがわかる。それは、まことに多元の世界であり、今もそうありつづけている。

とりわけ、アラビア語で「スィキッリーヤ」と呼ばれたシチリアは、ごく古くからさまざまな異族支配の歴史に彩られてきた。まずは古代ギリシア人やフェニキアの民が入植、ついで前述のカルタゴとローマの争いでは、まさにシチリアを主戦場として死闘を展開し、そのままローマに占領されて、帝政ローマとしては最初の〝海外属州〟(プロウィンキア)となった。しかし、これはほんの手始めにすぎなかった。

その後、ローマ帝国のゆらぎとともに、まずはヴァンダルや東ゴートが到来し、ついでビザンツ、アラブに征服され、やがて十一世紀の末にはノルマン(北方人の意。航海を得意とし、スカンディナヴィアやデンマークあたりからヨーロッパ各地を席捲、フランク王国を襲い、イギリスにノルマン王朝を開いた)によって、南イタリアのナポリ一帯とシチリアにまたがる両シチリア王国が出現した。文字どおり、〝海上の征服王朝〟であったといっていい。

ひるがえって、それに先立つアラブ支配時代から、シチリアでは農業や商業が盛んとなり、フェニキア以来のごく古い歴史をもつシチリア北岸の首都パレルモは、イスラーム圏内全体でも、イベリア半島の要地コルドバに匹敵する都市となったとされる。支配者がノルマンに代わったあとも、ムスリムをはじめ、ギリシア人やラテン系など旧来の住民たちはほぼそのまま居残り、きわめて多元的な人々が混住する独特な社会が形成されていった。

こうした成り行きのなかで、ドイツのホーエンシュタウフェン王朝のフリードリヒ二世が登場してくる。彼は神聖ローマ皇帝ハインリヒ六世とシチリア王ルッジェーロ二世の娘コスタンツァの子として、一一九四年十二月シチリアのパレルモに生を享《う》けた。そして、すでに触れたように、一一九二年に西欧側とサラーフッディーンの間でむすばれた画期的な停戦協定より六年後の一一九八年、わずか三歳でシチリア王となった。彼もある種、運命を背負った人であった。

いっぽう、まさにその年、ドイツ王位の継承をめぐって、おそるべき教皇インノケンティウス三世は、「教皇権は太陽であり、皇帝権は月である」という有名なことばを吐いた。イギリス王ジョン、フランス王フィリップ二世をあいついで破門し、オットー四世を帝位につけたうえでやはり破門して、ようやく青年期に入らんとしていたフリードリヒ二世を、まずはドイツ王とし（一二一二年）、ついで神聖ローマ皇帝に即《つ》けた（一二一五年）。その限りにおいて、フリードリヒ二世は全ヨーロッパの聖俗両界を握る絶大なる権力者、教皇インノケンティウス三世の〝後見〟をうける「籠の鳥」、もしくは「傀儡《かいらい》」としてあった。

しかし、インノケンティウス三世が一二一六年にみまかると、フリードリヒ二世は次第に独自の路線を採っていった。成人ののちも、シチリアの地にとどまって南イタリアを立て直しつつ、シチリアの法制・統治システムをととのえた。パレルモにあった彼の宮廷には、ノルマン時代とおなじく多くのムスリムが群れをなしていた。一二二五年には、名目上ながらイェルサレム王とされ、第六回十字軍（一二二八―二九年）では、アイユーブ朝のスルターン・カーミルと五ヶ月にわたって交渉し、一二二九年には戦闘することなくイェルサレムを平和裡に回復して、その王冠をみずからいただいた。

そのさい、キリスト教とイスラームがたがいに認めあうことを条件とし、いわゆる平和共存をめざす新方式を採らんとした。多くの日々をシチリアに暮らして、現地の事情をよく知るフリードリヒ二世ならではの、柔軟で現実的な態度ではあったが、しかし当時のキリスト教社会では受け入れられることはなく、二度にわたって教皇から破門された。とはいえ、彼は学問・芸術の振興につとめ、イタリア経営にもまことに熱心であった。

そうした結果、フリードリヒ二世のパレルモ宮廷には文字どおり多文化の花が咲き、シチリア全体がヨーロッパ、ギリシア、アラブといった枠組みをこえる文明・文化の交流・伝播の場となった。シチリアのもつ意味は、昔も今も地政学上のみならず、まことに重いものがある。

そしてもう一点、いわゆる北アフリカのなかで突出して麗しい山河が広がるチュニスの一帯、すなわち現在の国名でいえばチュニジアとその周域あたりを、アラビア語で「イフリーキア」（語源はラテン語の「アフリカ」）といった。具体的には、東はしばらくまえに消え去った、かの〝狂人〟カダフィーが本拠とした現リビア西部のいわゆるトリポリタニアから、西は現アルジェリア東部あたりまでを目安とする。ようするに、北アフリカというう大きな広がりのなかでの〝良き大地〟をいう。かのイブン・ハルドゥーンは、まさにそのイフリーキアに生まれたのであった。

ちなみに、現在においてもチュニジアという国、そしてチュニスという首都は、他の北アフリカ諸国とは異なる独特の立ち位置をもつ。そのひとつの典型的な事例となるのが、二〇一〇年のすえ、チュニスを中心に巻き起こった政変である。「ジャスミン革命」と名づけられたやわらかな騒擾《そうじょう》の結果、翌年一月十四日には独裁者ベン・アリー大統領とその一家・眷属《けんぞく》が国外退去して政権が崩壊、きわめておだやかなかたちで新政権が誕生した。チュニジアは、ハンニバルの時代からすでに、他の北アフリカ諸地域とは異なる〝開けた世界〟であったといっても過言ではない。

なお、これまた周知のことだが、チュニスから発した変革の波は中東各地に飛び火して、とりわけ中東の〝かなめ〟といっていいエジプトでは、首都カイロのタハリール広場に民衆がつどいあって、結局ムバーラク大統領の失脚・退陣となった。かくて、いわゆる「アラブの春」とも呼ばれた〝中東変動〟（民主化というのはいいすぎ）がともかくも出現したのは、なお耳と目に新しい。古今にわたるこうしたさまざまな成り行きを眺めるにつけても、ようするに地中海の中央域に臨むチュニジア、とりわけチュニスの地は、時代をこえて枢要の地でありつづけているというほかはない。かえりみて今、イブン・ハルドゥーンなる人とその生涯を考えるとき、彼がそうした海と陸が交叉する地上屈指の要地に生まれたことは、意外に無視できないかもしれない。

死を見つめるイブン・ハルドゥーン

ひるがえって当時の北アフリカは、いわば戦国乱世の状況が久しくつづいていた。加えて一三四七年、イブン・ハルドゥーンが十代なかばであったとき、地中海の全域をおそるべき大災厄が襲った。「エルシニア・ペスティス」、いわゆるペスト、すなわち黒死病の猛威である。

黒死病というと、イタリアはボッカッチョの『デカメロン（十日物語）』がとりわけ名高い。たしかに、イタリア各地は「ブラック・デス」の恐怖につつまれた。しかし実は黒死病は、地中海に面する各地で大きく広がったのであった。とくに重要な港町ほどひどく、ペストはそこを介して内陸部にもゆき及んだ。つまり、船とその乗組員がペストの媒介者となったのである。逆にいえば、十四世紀のなかばころ、地中海・エーゲ海・黒海、さらにはアゾフ海にいたるまでの〝内なる海〟は内陸河川も含めて、各地の交易船が活発にゆきかい、水でつながれた世界が出現していたのであった。実のところは、アゾフ海から至極なだらかな丘陵部をこえれば、なんとかの巨大な内陸湖であるカスピ海まで、楽々といけたのである。ちなみに、近代になってヴォルガ・ドン運河が開鑿《かいさく》されたが、もともとそう苦労するルートではなかったのである。

北アフリカ、そしてチュニスにもペストは到来した。人々はバタバタと倒れ、イブン・ハルドゥーンの両親・縁者・恩師・知友の多くも命をおとした。なすすべはなかった。生き残るかどうかは、偶然でしかないとあきらめるほか、ほとんど手立てはなかった。少年期から青年期に入ろうとしていたイブン・ハルドゥーンにとって、まことに強烈きわまりない体験となった。彼がやがて思索家への道を辿りゆくきっかけは、ここにあったかもしれない。

ペストの大流行をもたらしたタルバガン

こうした大惨事の原因は、黒海の奥深く、クリミア半島の貿易港カッファに入港したジェノヴァの船に投げ込まれたタルバガン（モンゴル時代の記録では塔剌不花《タラブカ》という。いわゆるプレーリー・ドッグに似た動物）の死肉であったとされる。現在のウクライナ共和国からロシア連邦一帯にいたる広大なステップは、モンゴル世界帝国を構成する〝分国〟のひとつ「ジョチ・ウルス」（よく知られたキプチャク・ハン国という呼び名は、あくまで俗称・通称のたぐい）が統禦しており、かねてジェノヴァと通交関係にあった。しかし、いざこざが起こり、ジェノヴァ船はからくも港を出航することはできたのだが、船内でペストが発生した。タルバガンの体内にあった病原菌が、災厄のみなもとであった。かくて、同船がイタリア半島にペストを伝え、そこから次々と各地に広がった。

あえて確認の意もこめて、これにかかわる最低限のことを述べておきたい。従来、この一三四七年の災禍について、ヨーロッパの史家たちは、南イタリアに上陸したペストは、やがて北上して一三五一年までには中欧から北欧・東欧などヨーロッパのほぼ全域に広がり、三人にひとりが犠牲となったとする。また、イベリア半島でいえば、当時のアラゴン・カタルーニャ連合王国やカスティーリャ・レオン王国治下においても、惨たるありさまが伝えられている。

いっぽう、これとはまったく別に、イスラーム史家たちはエジプトでの悲劇や北アフリカ一帯での惨状をさまざまに綴る。しかしやや奇妙なことに、そうした全体を通観したかたちで述べることは、どちらもほとんどないかに見える。地中海の北側と南側で、話が棲み分けられているといったらいいいか。実際には、地中海とその周域一帯は、地域や国境をこえて、軒並みペストの猛威におおわれ尽くした。ようするに、どこも大変だったのである。ところが、こうした事柄について、それぞれの史家たちがややもすれば自分の〝守備範囲〟のことしか言及しようとしないのはやはり変である。世界は今やすっかりグローバル時代となり、歴史家がグローバル・サイズのまなざしをもつのは当たり前のことだろう。

ペストに国境はなかった。逆にいえば、地中海エリアはもとより、当時ルースィと呼ばれた素朴で広大無辺のロシアや黒海、さらにはアゾフ海・ドン河・ヴォルガ河・カスピ海にいたるまで、陸・海・水の世界はリンクしていた。ジョチ・ウルスの中心であったサライから船に乗り、ヴォルガをくだり、カスピ海をへてバクーにいたる定期便があったことは、一三七五年にアラゴン・カタルーニャ連合王国内のマリョルカ島で創製された名高い『カタルーニャ地図』（原題はラテン語で「マッパエ・ムンディ」。「世界の紙切れたち」の意）にも絵入りで明示されている。

それどころか、当時カスピ海に流入していたアム河（原語では「アームー」）を遡れば、中央アジアもかなり奥深くまで船で到達することが可能だった。とりわけ、十四世紀は先述のように環境学的にいえば「小氷期」（リトル・アイス・エイジ）であり、草原地帯でも湿潤で水は多く、近年のアラル海の〝ひあがり〟とは対極に近い状況が歴史上では十分に想定されうる。

ようするに、こうしたことは十三～十四世紀に、モンゴル世界帝国という巨大な領域をおおう政権が出現し、よしあしぬきでアフロ・ユーラシアの東西がダイレクトに結ばれた結果の〝副産物〟であった。ペストはその負の局面であった。たとえば、わたくしたちにとっても記憶にそう遠くない事例として、「サーズ SARS」（重症急性呼吸器症候群、新型肺炎。二〇〇二～〇三年）なる伝染病が世界をおびやかした。それは、まさに世界がより一体化していることの逆証でもあった。

歴史上でいえば、〝世界の世界化〟という人類にとっての重要なステップが、まずはモンゴル世界帝国のもとであったことを、〝正負〟の両面ともどもに紛れもなく物語るものであったといっていい。なお、この時ほど大規模ではないが、ペストはその後もしばしば再発したことを附言する。

さて、イブン・ハルドゥーンである。十代なかばにして、あまりにも数多くの人の死を見つめたあと、彼はどのようであったか。実は、一三四七年という一年、そしてそれにつづく十年あまりは、驚くほど多くのことごとが彼自身とチュニス、そしてイフリーキアの地に集中した。いや、あまりにも集中しすぎた。

とはいえ、若いイブン・ハルドゥーンがそうしたことを、逐一すべて承知し切っていたかどうかは定かでない。いっぽう、ともすればわたくしたちは、かつてあったことをひとおり知っているつもりでいる。ただし、それはあくまでも知識として知っているにとどまる。遥かに時をへだてて、当時の人たちさえ知らぬことをあれこれと知っているからといって、高みに立ったり、したり顔で過去のもろもろを論評することはつつしみたいと考える。

独特の履歴と思想・思索

人は運命のなかにある。それは誰であれ、あらがいがたい。問題の一三四七年、北アフリカのなかでも西端に位置するモロッコはマリーン朝（一一九六―一四六五年）のスルターン（君主）であったアブルハサンが、イブン・ハルドゥーンたちが暮らすハフス朝に侵攻し、首都のチュニスを占領した。それがひとつの始まりであった。

それまでは、西から東にかけて、フェズを都とするベルベル系のマリーン朝のほか、現アルジェリア西部のトレムセンを都とするやはりベルベル系のザイヤーン朝（一二一七－一四六五年）、そしてムワッヒド朝のイフリーキア総督が樹立したハフス朝（一二二九－一五七四年）が並び立っていた。このうち、アルジェリア東部、チュニジア、そしてリビア西部のトリポリタニアを握るハフス朝が、地勢上も経済的にも最も豊かなところであった。

そもそも、十三世紀はじめのムワッヒド朝の治下で、イベリア半島はアンダルス（語源はヴァンダル族の地）の首邑《しゆゆう》セビーリャの太守をつとめたこともあるアブー・ザカーリーヤー・ヤフヤーが、キリスト教徒たちに圧迫されて海をこえ、一二二九年イフリーキアの地とチュニスを根拠地に独立した。十四世紀はじめころまで、経済・文化・学術の花が開いたものの、そのいっぽう絶えざる分裂状況をかかえ、政治上は不安定きわまりなかった。西辺にあったマリーン朝による侵攻とチュニス占領は、その隙を衝《つ》いたものであったといっていい。

イブン・ハルドゥーンの先祖とハフス朝政権とは、古くからの〝えにし〟があった。彼の血脈はアラビア南部の出身で、その始祖とされるハルドゥーンは、八世紀にイベリア一帯の征服に加わり、子孫はセビーリャの支配階級となった。やがて、十三世紀にキリスト教徒によるいわゆる〝レコンキスタ〟（再征服）が盛んとなり、一二四八年には北アフリカに渡った。

なお、ここで〝レコンキスタ〟なる語を用いたが、実はそれは近代になってからの（それもなんとフランコ時代の）意図した造語にすぎない。事実においては、北からの武力と流血によって、ムスリムたちがイベリアの地から次第に追い出されていったものでしかない。「再征服」という美名は、自分たちの先祖による略奪と蛮行をおおいかくさんとする浅はかな所業でしかない。

ひるがえって、イブン・ハルドゥーンの四代前、ハサン・ブン・ムハンマドなる人物が、かのアブー・ザカーリーヤー・ヤフヤーの庇護をうけ、チュニスに到来した。そして、イブン・ハルドゥーンの曾祖父が、財務長官に抜擢される。かくして、彼の一族はチュニス宮廷の貴人となった。アブドゥッラフマーン、すなわちイブン・ハルドゥーンは、こうした時代と血統のもとに誕生した。幾人かの兄弟とともに、さまざまな学問を複数の師たちから学んだ。そうしたところへ、マリーン朝スルターン、アブルハサンの侵攻・占領が起こったのであった。ただならぬ衝撃だったことは疑いない。

ただし、征服者スルターン・アブルハサンがモロッコの地より、多くのすぐれた学者を伴い、イブン・ハルドゥーンの父がその人たちと交わったことから、彼も大いに影響をうけた。その筆頭が、突出した学者とされたムハンマド・イブラーヒム・アルアービリーであった。彼は、ハルドゥーン家に暮らし、三年間そこで読書会を主催して諸学を講じ、若いイブン・ハルドゥーンの才能は開花した。

かたや、チュニスの南、チュニジア中央部にあるマグリブ地方で最古のミスル（軍営都市）である有名なカイラワーンでは、アラブ遊牧民が反乱を起こし、スルターンが制圧に出かけると、今度はチュニスで暴動となった。そしてスルターンが戻り、治安が回復したかに見えたとき、かのペストが襲来する。チュニスをはじめ、一帯は死の荒野となった。チュニスとイフリーキアの輝きは一気に失われた。ただし、生き残ったイブン・ハルドゥーンは、ひきつづきアービリーに従って修業を重ねる。やがて、マリーン朝の都フェズでクー・デタが起こり、スルターン・アブルハサンはイフリーキアの地から去った。

その後、イブン・ハルドゥーンは、ハフス朝の君主の命でそれなりの官職についたが、勉学のため西に向かい、都フェズに迎えられた。そして、ハフス朝の王族であったアブー・アブドゥッラーとむすび、謀議をこらしたが、スルターンに知られ投獄されることになった。ところが突如、スルターンが他界し、一年九ヶ月の投獄生活から釈放される。その後も再三クー・デタを計画し、浮沈を繰り返した。その挙句、単身でスペインのグラナダにむかった。

当時、グラナダを支配していたナスル朝のスルターン・ムハンマド五世は、彼を歓迎し、封土も与えた。イブン・ハルドゥーンは、若いムハンマド五世を英明な君主に仕立てんと努力したが、かえって宰相の反発を買う結果となった。その後も権力に近づき、そのたびに失敗した。率直にいって、イブン・ハルドゥーンには「なにか」がなかった。もしくは別のいい方をすれば、プライドが高すぎ、人の前で折れることを知らなかった。傲然《ごうぜん》としすぎ、多くの人に嫌われた。ようするに、浅はかだったのである。かくて政治に失望し、打ちのめされた挙句に研究と教育そして著述にスタンスを移した。その結果として、文明と国家の興亡をテーマに、厖大な『歴史序説』をわずか五ヶ月で書き上げた。時に一三七七年、四十五歳であった。

エジプトのマムルーク朝のもとへ

さて、イブン・ハルドゥーンは、ひきつづき『歴史』本論を執筆せんとした矢先、一年ばかりを病床にすごした。そしてついに二十六年ぶりにチュニスに戻ったが、今やハフス王朝を再興したアブルアッバースが堂々たるスルターンとなっており、イブン・ハルドゥーンを側近として迎え入れた。ようやく安住の地を得たかに見えた彼は、『歴史』を完成させ、一部をスルターンに献上した。また別に『歴史序説』を講義し、たちまち大評判となる。しかし、またもやそれが周囲の嫉妬を招き、スルターンからも危険視されるに至った。かくて一三八二年、メッカ巡礼にことよせてふたたび故郷を離れ、エジプトへと旅立つ。そして、二度と戻らなかった。

すでにいくらか触れたように、当時のマムルーク朝エジプトは、バルクークがクー・デタによって登位したばかりのところであった。イブン・ハルドゥーンは、カイロの町の賑わいや建造物の素晴らしさに驚いた。ちなみに、カイロでの彼の名声はすでに高く、まさに現在も巨大な学術・教育組織をなしているアズハル大学で講演をおこない、さらにスルターンの側近たるテュルク人将軍アルトゥン・ブカの世話で、スルターン・バルクークに面会した。

バルクークは、ただものではなかった。たちどころに彼の能力を見抜き、その後は一貫して庇護しつづけた。奇貨おくべしと見たのだろう。なににつけ毀誉褒貶の激しいバルクークではあったが、それなりに人を見抜く眼力はあり、ある面ではまことに果断であった。また、そうでなければ、まさに生き馬の目を抜くような激しい権力闘争を生き抜いて、いわゆる後期マムルーク朝、すなわち新たなる構えのブルジー時代を切り開くことはできなかったといっていい。ようするに、油断など彼にはまったく無縁なのであった。

バルクークは、イブン・ハルドゥーンをまずはカムヒーヤ学院教授に任じ、さらにマーリク派の大法官（カーディー・アル・クダート）とした。イブン・ハルドゥーンは、このの ちなんと六回にわたって大法官に任命されることになる。これは大変な信頼といっていい。

それにそもそも、彼自身、正式なカーディーとなるのは、これが最初のことであった。

かくて、最古の文明の地エジプトで、イブン・ハルドゥーンは高邁《こうまい》な理想をもって、腐敗の横行する社会や司法界に対峙した。当然のことながら、反撥や非難は諸方面からあがり、それら多くの怨嗟は、スルターン・バルククのもとに達した。しかし、バルククは一貫して彼を擁護した。ところが、イブン・ハルドゥーンの家族が乗った船がアレクサンドリアの近くで遭難し、チュニスのスルターンからバルククに贈られるはずの駿馬が数頭、海に消えた。かくて、やむなくイブン・ハルドゥーンは大法官を辞した。

とはいえ、バルククはなおもイブン・ハルドゥーンに好意的であった。イブン・ハルドゥーンはメッカ巡礼ののち、あいついで要職に任じられた。ところがバルククは反乱に遭い、いったん牢獄に送られる。やがて復権して内乱をおさめ、一三九〇年二月にスルターン位に返り咲くが、そのさいバルククは、みずからに対する宣戦布告書に署名した咎《とが》でイブン・ハルドゥーンを譴責《けんせき》し、九年間すべての公職から退けた。

しかしバルククの怒りは、ようやく一三九九年に解け、その五月にイブン・ハルドゥーンは、ふたたびマーリク派の大法官に任じられた。その直後、すでに述べたように、スルターン・バルクークは食中毒で逝去する。そして、遺言により即位した新スルターンのファラジュはまだ十歳、かくてイブン・ハルドゥーンたちも同道して、(西洋人のいい方では) ダマスクス (すなわちアラビア語ではディマシュク) をともかくにもひとまず制圧した。

ダマスクス城外での世紀の会見

ところで、これまで述べてきたことのあらましは、ほとんどすべて前置きといっていいかもしれない。問題はこのあとであった。一四〇〇年の十一月、ティムール軍団がアレッポを攻略、ダマスクスをめざして南下中との報が伝えられた。そして一四〇一年の初頭、ついにティムール軍団がダマスクスの郊外に到達した。両軍の主力はここに初めてあいまみえ、そして数度にわたって衝突した。なお、余談めくが現在の中東情勢のなかで、ダマスクスは今も屈指の要地として存在する。

ところが一月七日の朝になって、幼年のスルターンをはじめ、マムルーク軍団と主な武将たちの姿は消えていた。なんとその前日、カイロでのクー・デタ計画が報じられ、大半の将兵たちはカイロへと撤退してしまったのであった。かくて、当然のことながら、ダマスクスの住民たちは、スルターン軍から見捨てられるかたちとなった。もとより、市中は大混乱した。

かたや、ティムール軍団のほうは、そのままダマスクスの町を包囲して、和平交渉に入ろうとした。当たり前のことだが、力ずくでそれなりの防禦施設を備えた城市を陥《おと》すのは容易なことではない。無理矢理に強行すれば、攻撃側の損害も大きくなる。いっぽう、マムルーク軍の主力が撤退してしまった以上、ダマスクス城内の軍士・民衆は孤立無援で、抵抗しつづけるのも愚かしい。ようするに、和議や打診は双方ともどもに必要であった。

ところが城内にいるダマスクスの大法官・識者たちは、あれこれいってまとまらない。そこでイブン・ハルドゥーンが求められた。たしかに、イブン・ハルドゥーンであるならば、見識・経験・名声・輿望《よぼう》、いずれも突出していて文句はない。当のイブン・ハルドゥーンはただちに交渉に応ずべしと断じ、学者たちも市民の安全をティムール側に求めることで一致した。ちなみに、一般的にいって「命の代償」という名のしかるべき金品・贈物を支払えば、攻囲軍は兵を引くというのはアフロ・ユーラシアを通じての暗黙の〝常識〟

であった。ようするに、双方ともに傷つきたくない。

ひるがえって、ダマスクスの町のうち、城砦部分をあずかる守備隊長は強力に反対したというが、所詮は自分だけが責任を取らされるのをいやがっただけのことで、本音は交渉による和平・撤退が〝相場〟であった。そのいっぽう、高額の〝代償〟としての貢納金など、城内の人々の「命の保証条件」は厳しかったが、それとあわせて敵方の総大将たるティムールがイブン・ハルドゥーンのことを尋ねたことが報告された。イブン・ハルドゥーンはペルシア語で「ジャハーン・グシャー」、すなわち世界征服者といわれているティムールがなぜ自分にと思いながら、ともかくも城外で会見することとなった。

そのとき、かたや中央アジアから馬を駆って西来し、すでにその月日もだいぶたったティムールは六十四歳。かたやチュニスに生まれ、西はイベリア・モロッコから東はエジプト・シリアにいたるまで、はるばると東上したイブン・ハルドゥーンは六十八歳。ともに、当時としては、十分に老境といっていい年齢に達していた。ふたりの来た道は、それぞれ東と西、さらにまた武力と知力、たがいに見事なほど違っていた。そして両人の活動範囲も、まさにダマスクスをさかいに東と西に分かれていた。すべてがすべて、ことごとく喰い違うように見えるふたりが、ここでまみえることになったのである。

第四章　モンゴル・タタルの覇王

恐怖の知らせは一三八六年

さて、いったんここでいくらか時をさかのぼって、イブン・ハルドゥーンとティムールという稀有《けう》のふたりによる「出会い」にいたるまでの状況展開のあれこれについて、一部重複するところもあるがひととおり確認しておきたい。イブン・ハルドゥーンが身を寄せた軍事国家・マムルーク朝エジプトのもとに、ティムールというおそるべき脅威の出現を告げる知らせが初めてもたらされたのは、一三八六年のことであった。

すなわち、中央アジアの西半のみならず、ジョチ・ウルス（チンギス・カンの長子ジョチが継承した遊牧民国家）の本拠であるキプチャク草原の主要域をもおさえたティムールとその麾下《きか》の騎馬軍団は、より西方の地へと一気呵成に侵攻し、まずはかつてのモンゴル世界帝国の巨大領域のうち、イラン高原を中心に中東の東半を治めたフレグ・ウルスの旧都で西北イランの要衝タブリーズを陥れたのであった。ちなみに、フレグ・ウルスとは、モンゴル世界帝国のうち、イランとその周域一帯を領有したクビライの弟、フレグとその子孫による「分国」をさす。なお、これまでややもすれば「イル・ハン国」などと呼んだのは、あくまでも十九世紀の西欧人史家たちの誤解にもとづくもので、所詮は〝俗称〟のたぐいにすぎない。これに限らず、西洋による勝手な思い込みと決めつけは数限りなくある。歴史の書きかえは、大小いろいろと必要である。

ともかく、一三八六年を皮切りに、ティムール軍団の「西方拓疆《たくきょう》」ともいうべき連続的な大侵攻が展開し、中東全域のみならず、ヨーロッパ諸国もまた大いに震駭《しんがい》した。ようするに、わけのわからぬ怒濤のような東方からの恐怖に、北アフリカ一帯も含めて〝西方世界〟に広く衝撃が走ったのである。その結果、たとえばヨーロッパの西陲《せいすい》というべきカスティーリャ王国でさえも、「東」とのコンタクトをはからざるをえなくなったのであった。知らないでは到底いられなかった。かくてすでに述べたように、かのクラビーホ以下の使節団が、あたふたと派遣されることにもなったのである。また、時代をより大きな枠組みで眺めれば、ティムールというユーラシア東西にまたがる稀代の大覇王の出現は、歴史の必然といっていいものであったかもしれない。

　そもそもかえりみて、すでに十三世紀に、ユーラシアの東西をつらぬいてモンゴル世界帝国という史上最大の〝かたまり〟が成立し、陸と海の両方による本格的な大交流の時代が始まっていた。そして、それを前提とするかたちで、モンゴル帝国の中央アジア部分からティムールという巨星が台頭し、文字どおり登り坂にあったオスマン朝を軽々とへしまげ、中東に侵攻しつづけることになった。こうした結果、アフロ・ユーラシアの各地は否応なく相互に結びつけられていったのである。すなわち、「世界の世界化」へのきざはしは、まさに十三世紀から十五世紀の冒頭にかけて用意されることになった。そして、そうした延長線のうえで、たとえばかのカスティーリャとアラゴンを合一したイザベラとフェルディナンドの時に、クリストバル・コロンによるささやかな航海がなされることになる。つまりは、そうしたもろもろの挙句に、結果として東西世界の逆転がもたらされることになっていった。西洋は好運であったというほかはない。

　閑話休題。ティムール軍団の西進がエジプトに報じられてから、ティムールとイブン・ハルドゥーンの「出会い」にいたるまで、そこには十五年の歳月が流れていた。決して短いとはいえないその間をあらあらにふりかえると、まずは一三八七年にティムールはシリア北方のマラティア（現トルコ共和国東南部）をはじめ、小アジアのシヴァスに侵攻した。なお、当時は両地とも、マムルーク朝の勢力範囲内にあった。シヴァスから来援を求められたマムルーク朝スルターンのバルクークは、すぐさま一軍をシリア北方にさしむけたが、この時はほぼことなく終わった。

対立が本格化したのは、一三九三年からであった。すなわち、かつてのフレグ・ウルスのうち、イラン中央部にあるヤズドの支配者に任じられ、十四世紀には自立してシーラーズを都としたムザッファル朝を、ティムールはまずはいったん制圧し、ついで九三年にふたたび攻撃して滅ぼした。イランをおさえたティムールは、軍を西に転じてバグダード（ちなみに、長い歴史をもつこの町の名は、ペルシア語で「神《バグ》が与えた《ダード》」を意味する）を占領、さらに北に向かってモスル（アラビア語ではマウスィル）、北西のマルディーン、そしてそのやはり北西のティグリス河（アラビア語ではディジュラ）最上流部にあるディヤルバクル（現トルコ共和国東部の要地。古代からイラン地方と地中海・黒海を結ぶ通商拠点）を攻略した。つまり、ティムールはここに、かつてのフレグ・ウルスの領域をほぼ手中におさめたのであった。

北の要衝アレッポの陥落

かくて、たちまちのうちにマムルーク朝エジプトに対して、東と北から威圧するかたちをつくりあげたティムール陣営は、翌一三九四年にはスルターン・バルクークにあてて、屈服を求める書簡を発した。バルクークのほうも対決せんとする返書をティムールに送るかたわら、バグダードの回復をはかった。とはいっても、このころのバグダードにはもはや昔日の面影はほとんどなく、政治的にも文化的にもすっかり求心力を失って、一介の地方都市にすぎなくなってはいたのだが。

それはともかく、バルクークはカイロに身を寄せていたバグダードの旧領主イブン・アウィスに援兵をさずけ、トゥルクマーン系の遊牧部族連合体のカラ・コユンル（黒羊朝）と協力してバグダードを奪還せしめるいっぽう、バルクーク本人も兵を引き具して、ティムール軍を迎撃すべくシリアへと北上した。ところが、ダマスクスに到着すると、すでに

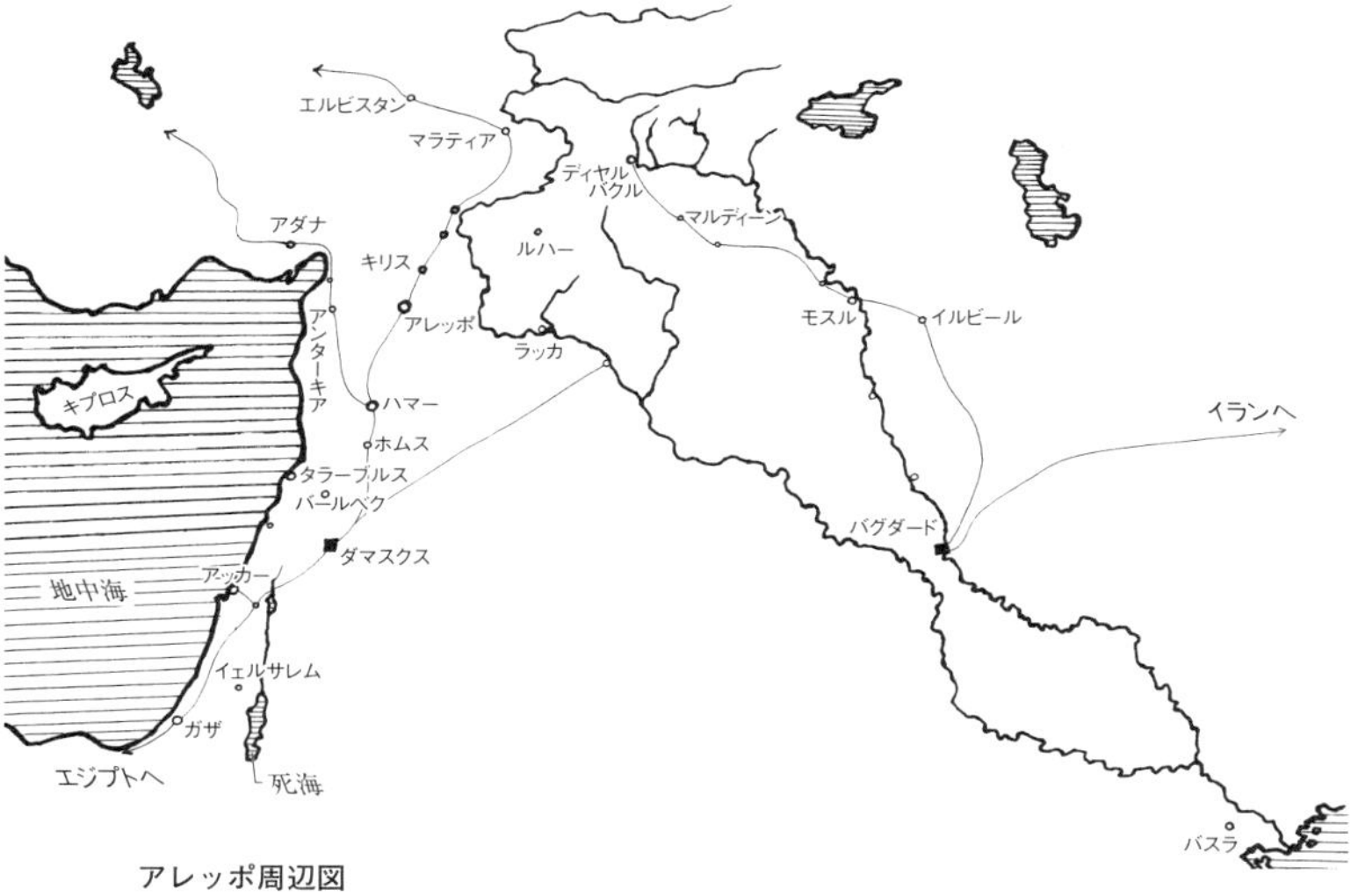

アレッポ周辺図

ティムールは兵を引き、本国へと旋回したことが伝えられた。しかし、スルターン・バルクークはダマスクスに駐留したまま警戒を解かず、北域の要地、シリアのアレッポにも出向いて臨戦態勢を保持しつづけ、ようやく年末に至ってカイロへ戻った。そして、こののちしばらく、ティムールはインド征討に向かい、当面の間、ティムール軍とマムルーク軍の激突は現実化しなかった。

ところが、一三九九年に至って事態は急変する。すでに述べたように、バルクークが食中毒で突然に他界し、わずか十歳のファラジュがスルターンとなった。くわえて、北の要衝シヴァスを治めるブルハーン・アッディーンもまたみまかった。マムルーク側は思いもかけぬ危機となった。こうした状況をインドにおいて知ったティムールは、まことに機を見るに敏であった。彼はただちに軍を西に振り向け、一気に中東へと到来した。まさに、電撃的というのがふさわしい早業であった。

バグダードを治めるかのイブン・アウィスは腰砕けとなり、カラ・コユンルの長であるカラ・ユースフとともにアレッポに後退した。かたや、ティムール本人は既述のように一四〇〇年、グルジアを経由してオスマン朝バヤズィトの子スレイマーンが鎮守するシヴァスを一気に攻略し、ユーフラテス河（アラビア語でアル・フラート）上流のマラティアをふたたび奪取した。まことにおそるべき勢いであったというほかはない。マラティアの町から西南のかた、マムルーク朝側にとって北の拠点都市アレッポまでは、地図上の直線距離にして二六〇キロメートルばかり。途上にはサムサートやアンテプ、ルームカレ、もしくはキリスといった小都市が点在するだけであり、騎馬戦力からなるティムール軍にとっては、決して遠くはないところであった。

ティムールは、アレッポ太守のダマルダーシュたちに書簡を送り投降を求めた。しかし、ダマルダーシュは後方の主要都市で地中海に臨む名高い港湾のタラーブルス、いわゆるトリポリ（古代カルタゴの三つの植民都市の総称、「トリポリス」に由来する。なお、まったくの余談ながら、タラーブルスという地名は北アフリカにもうひとつあり、アラビア語では「タラーブルス・アル・ガルブ」という。「西のタラーブルス」の意味である）の太守や、さらにマムルーク朝にとって文字どおり「北のまもり」というべきダマスクスの太守とともに開戦と決した。

もし、このときダマルダーシュをはじめ、トリポリやダマスクスの太守たちがいっせいにティムールに靡《なび》けば、マムルーク朝エジプトは一気に瓦解したかもしれない。そして現実に戦ってみると、ものの見事に、マムルーク側はティムール軍に圧倒され、ちりぢりに敗れ去った。かくてアレッポは開城となり、ダマルダーシュ以下は捕えられ、住民たちは惨殺され、さらに市内は劫掠《ごうりゃく》され尽くした。十一月一日のことであった。

ティムール軍との正面激突

さて、これからしばらくは、イブン・ハルドゥーン自身の記述を基本にして、事態の展開を綴ることにしたい。いくらか時間をさかのぼって、アミール・ティムール（アミールは指揮者、指導者、首長の意）が小アジアを征服し、シヴァスを破壊したのち、シリアの地に来襲してアレッポを陥落させたという知らせがエジプトに届いたとき、スルターン・ファラジュは諸軍を集め、財庫を開き、すべての将兵にシリアへの進撃を告げた。ようするに、事態はもはや一刻の猶予もなかった。そのとき、イブン・ハルドゥーンは官庁を離れていたが、スルターンの名代ともいうべきダワートダールの地位にあった権力者ヤシュバクは彼を呼び出し、宮廷の宴席で自分の伴をして軍旅に同道するよう促した。

イブン・ハルドゥーンは、戦場に赴くのをきらったのだろう、やんわりとヤシュバクの求めをことわろうとした。そのものいいはまことに丁重で、随分と慇懃《いんぎん》ではあったものの、ヤシュバクのほうは厳然たる態度を採った。そこでやむなく、イブン・ハルドゥーンも翌朝、彼らとともに出立することとなった。ときに、ヘジラ暦八〇三年ラビー・アルアッヴァル月の十五日（西暦では一四〇〇年十一月三日）であった。それが結果としては、ティムールとのめぐり会いになるとは、イブン・ハルドゥーンとて思いもかけなかっただろう。もっとも、運命というものはなににもよらず、こうしたものかもしれないが。

まずは、マムルーク軍の先鋒部隊が先発し、その二日後にスルターン・ファラジュをいただく本隊がガザにむけ旅立った。そして、ヘジラ暦八〇三年ラビー・アルアーヘル月の二十日（西暦では一四〇〇年十二月八日）にガザに着いた。その地で数日間、知らせを待ちつつ休息した。それから、援軍やシリア方面からの撤退部隊などを吸収し、なによりもタタル軍の機先を制するためダマスクスに急行した。ところがなんとその間、トリポリの部隊がアレッポに逆襲し、ティムール側の守備兵を倒して町をとりかえし、さらにはティムールがトリポリに急派した部隊をも、市民たちが撃退したという報が入った。かくて、吉報に沸きつつも、エジプト軍は途上シャクハブでいったん野営し、そこからまた夜に出立して、翌朝ダマスクスに到着した。いっぽう、ティムールとその麾下の主力軍も、すでにこのときまでにバールベク（直線距離にしてダマスクスの北方六五キロ）を離れ、南のかた、ふたたびダマスクスをめざしてじっくりと接近した。

スルターン・ファラジュは、ダマスクスの郊外、市壁の三キロメートルばかり南にあるクッバト・ヤルブガーの野（クッバトは、アラビア語で「ドーム」の意）に、天幕群と構造物をしつらえた。ダマスクスの城市と相呼応しつつ、ティムール軍を迎撃する態勢を採ったのである。やがて、ティムールがつかわした先乗り部隊との衝突が始まり、一週間後にティムールの本隊が到着した。日数から考えて、かなりゆっくりとした慎重な行軍だったわけである。しかも、老練なティムールは、ダマスクスという堅固なことで名高い城市と、クッバト・ヤルブガーにしつらえられた野戦陣地という周到な構えを見て、ダマスクスを短兵急に攻め落とすのをあきらめ、逆にクッバト・ヤルブガーを見おろすカタナー台地に布陣した。いかにも百戦錬磨のティムールらしい判断であった。

両軍主力は、ダマスクス城外に一ヶ月以上の間とどまり、それぞれ互いに相手を観察しあい、注視しあった。そして、三、四度にわたり交戦した。マムルーク側の損害は甚大であった。かたや、ティムール側も、孫のスルターン・フサインとその部下がエジプト軍に投降するなど、それなりに苦戦した。いずれも決定的な勝敗がつかないなかで、ティムールは休戦の使者を出した。

形勢はティムール側に有利とはいえ、遥かに本拠を離れた地での外征であった。ひとつ傷口を背負えば、一気に怒濤の敗走、潰滅ともなりかねない。ティムールの判断は、当然だったといっていい。ティムール側の申し出は、ティムール軍の部将アトラミシュの釈放の代わりに、ティムール軍はシリアから撤退するというものであった。かたや、マムルーク側はといえば、みずからの勢力圏内での戦闘のうえ、なんといっても〝地元の利〟があり、引き延ばし作戦に出たのはこれまた当然であった。ティムール軍は、捕虜としたマムルークの部将やアレッポの掠奪物の一部を返還することさえ実行した。客観的に、マムルーク側が有利な状況にあったと見てよかった。ところが、そこに異変が起こった。

突然のエジプト軍の〝エクソダス〟

すなわち、スルターンとその主だったアミールたちは、麾下のいくらかのものたちが扇動的なわなを仕掛け、エジプトへ逃亡して、そこで反乱を起こそうと計画していることを察知した。かくて、マムルーク軍の首脳部は、自分たちの兵が離反して政府を転覆させる結果となるのを怖れて、カイロに戻ることに賛成した。彼らは、ジュマーダー・アルアッヴァル月の金曜日、二十一日（西暦では一四〇一年一月七日）の夜、闇にまぎれて退却した。具体的には、抜け道にあたるアル・サーリヒーヤにいったん登り、そこから峠をくだって、やがて海岸線を辿りつつ、南のかたガザへとむかったのであった。

いっぽう、そうした事情を心得ていないマムルーク戦士たちは、スルターン・ファラジュ以下の面々はエジプトへの公道を採ったものと信じ、その夜それぞれ馬に乗ってシャクハブをめざして、隊ごと仲間ごとに三々五々、引き退いてやがてカイロへ帰還した。ともかく、すべての状況をくつがえすドンデン返しとなった。いささか信じがたいエジプト軍の撤退は、それだけマムルーク軍には足許の不安が常にあったというほかはない。ようするに、絶えざるクー・デタへの恐怖である。これが、よくもわるくも有能だったバルククなきあと、少年スルターンを押したてて、組織の乱れや崩壊をなんとか防ぐしかなかったエジプト政府の弱さであった。

逆に、ティムールは、幸運だったといっていい。まさに千軍万馬、ユーラシア中央域からアナトリア、インド、中東を駆け回ってきたティムール軍には、いかにも無理と疲れがあった。もし、エジプト軍がじっくり長期戦の構えを採れば、かなり危うかった。ただし、老いたりといっても、ティムール軍にはティムールという稀代の統率者・戦略家がいた。まさに、ティムールこそがすべての〝かなめ〟であったというほかはない。

かたや、エジプト軍の到来で救われると思っていたダマスクスの市民たちは、朝になって大いに困惑した。ともかく一体どんなことが起きたのか、情報がはっきりしないまま、はたしてどうしてよいものかどうか、ひどくうろたえた。少なくとも、スルターンとその軍が逃亡したことは伝わり、市民はますます混乱した。そのいっぽう、中央アジアの「蛮族軍」については、昨日までマムルーク軍が野戦布陣していたクッバト・ヤルブガーをおさえ、そっくりそのまま本拠としたことが判明した。当然ながら、ますます混乱に拍車がかかった。

それでも、城内の人のなかには、武器を取ってティムール側の将兵と戦うものも少なくなかった。そののち、ティムールのもとよりふたりの軍使がやってきて、城中の人々にティムールが和平を希望している旨、呼びまわった。そしてその交渉役となるにふさわしい人物を送るように求めたのであった。ここに、ティムールとイブン・ハルドゥーンの出会いが、きざしたのであった。

ところが、かたやダマスクスでは、法官・学者たちが集まって相談したが、それぞれあれこれ言って容易にまとまらない。そこでやむなく、アーディリーヤ学院に住まうイブン・ハルドゥーンのもとにやってきた。もっとも、こうした事態は洋の東西を通じてほとんど変わらない。絶対的な権威がいればともかく、誰も責任をとりたくない状況のなかでは、まさに「小田原評定」になるのは、ほとんど仕方がない。であればようするに、誰かひとりもっともらしい人物に押しつけるほかはなくなる。この場合、イブン・ハルドゥーンがその適任者であった。そして、イブン・ハルドゥーンは、どちらかといえば目立ちたがり屋で、世にいう〝論客〟であったから、双方ともに納得ずくであったといっていい。

かくてなかば押しつけられたかたちではあるものの、イブン・ハルドゥーンは和平にともかくも応ずべしとし、加えて学者たちは住民・家族の安全を保証するよう、ティムールに頼むことで同意がなった。そうしたところが、ダマスクスの市内のうち、強固な城塞の守将であったヤッザダールは難色を示し、これに反対した。自己保身のためであるのは、誰の目にも明らかであった。

しかし、住民たちはこれを無視し、ペルシア語・テュルク語に兼通し、ハンバル派の大法官でもあるブルハーン・アッディーン・イブン・ムフリフ・アルハンバリーを代表とし、修道院にいるスーフィ修道僧のシャイフとともに、ティムールのもとに送り出した。ティムールは意外なほどあっさりと話を聞き入れ、むしろ貴人たちやその他の法官たちを連れてくるよう求めて送りかえした。イブン・ムフリフは、いまやティムールにすっかり心靡《なび》いて、彼を誉めそやした。こうなると、ダマスクスの住民たちは次第に戦意を喪失し、やがて和平派がダマスクスを制することになった。

ついで、ティムールの使者が城下にやって来て、食糧・衣服・軍馬など九種の贈物を求めた。ちなみに、「九」は吉数で、尊ばれた。そして、こうしたやり方はティムールのみならず、降伏・和平のさいのユーラシア中央域における慣例でもあった。いわゆる城下の盟《ちかい》のたぐいである。イブン・ムフリフ以下のダマスクスの有力者たちは、貢物《みつぎもの》をたずさえて、ふたたびティムールのもとに出掛けた。ティムールは喜んで受けとり、安全保証の覚書（現実にはヤルリグ、すなわち「勅書」）をしるし、ダマスクスからの一行に希望をもって帰らせた。

かくて、ダマスクスの町は翌日に南門を開くこと、住民は自分の仕事に従事すること、そしてティムール側のアミールがひとり城内に入って、ダマスクスの政庁に駐し、ティムールの権威のもとにダマスクスを治めること——以上の点について互いに同意した。それとは別に、イブン・ムフリフは、ティムールがイブン・ハルドゥーンについて、エジプト軍とともに去ったのか、もしくはなおダマスクス市内にとどまっているのか尋ねたので、前からのまま学院にいると答えたと述べた。

こういうなりゆきになったので、イブン・ハルドゥーンとしても、ティムールのもとに赴く仕度をその夜、ととのえざるをえなかった。ところが夜もすっかりふけたころ、ある知らせがもたらされた。ウマイヤ・モスクでティムールとの協定に対する反対者がおり、不穏な状況になりかねないとのことであった。そのまま城内にとどまるか、危険をおしてティムールのもとを訪れるか、イブン・ハルドゥーンにとってはまさに人生の岐《わか》れ道であった。

第五章　イブン・ハルドゥーンが伝えるふたりの語らい

この章では、あえてティムールとのやりとりをイブン・ハルドゥーン自身が綴るほとんどそのままに訳出した。誤訳があれば、筆者の能力不足のためである。読みづらい部分がどうしても少なからずあるが、内容上では世界地理をはじめ、とても興味深いやりとりが多彩に展開し、きわめて重要なことがらがさまざまに論じられる。単なる歴史学の枠をこえた根本的な議論も多く、あえてそのままに提示する。ご了解いただければ幸いである。

イブン・ハルドゥーン、ティムールのもとへ

(一四〇一年一月十日――筆者註、以下同) わたくしは夜明け前に起きて、(ダマスクスの) 城門のところにいる法官たちのもとに赴いた。そして、城門より城外に出るか城壁を伝っておりるか、彼らのゆるしを求めた。法官たちは、いったんは許可せず、そののち朝になってから、わたくしを城壁よりおろした。城門の近くには幾人かのティムールの随従たち

ای العباس ابن البنا وكان اماما في علوم النجامة واحكامها وما يتعلق بها ورجع
الى تلمسان بعلم كبير واستخلصته الدولة فلما هلك ابو تاشفين وملك
السلطان ابو الحسن نظمه في جملته واجرى له رزقه يحضر معه بافريقيه
وهلك في الطاعون ومنهم ابو العباس احمد بن شعيب من اهل فاس
برع في اللسان والادب والعلوم العقلية من الفلسفة وغيرها
ونظمه السلطان ابو سعيد في حلبة الكتاب واجرى عليه الرزق مع الاطباء
لتقدمه فيهم فكان كاتبه وطبيبه وكذا مع السلطان ابي الحسن بعده يحضر بافريقيه
وهلك بها في ذلك الطاعون وكان له شعر سابق به الفحول من المتقدمين
والمتاخرين وكانت له امامة في نقد الشعر وبصر به ومما حضرني الآن
من شعره
دار الهوى نجد وساكنها اقصى اماني النفس من نجد
هل باكر الوسمي ساحتها واستن في قيعانها الجرد
او بات معتل النسيم بها مستشفيا بالبان والرند
يبلو احاديث الذين هم قصدي وان جاروا عن القصد

イブン・ハルドゥーンが綴った書。右下部分はハルドゥーンの手書きがおり、そのなかにダマスクスの町を治めるべくティムールより指名された部将がいた。彼はその名をシャー・マリクといい、ティムールの部下のひとりで、チャガタイ族の人物であった。わたくしはシャー・マリクに「アッラーがあなたがたの命を長からしめんことを」といい、彼らもまたわたくしに向かって「アッラーがあなたの命を長からしめんことを」と口々に唱えた。さらに、わたくしが「あなたがたの人質となりましょう」というと、彼らも「われわれがあなたの人質となりましょう」と答えた。

シャー・マリクはわたくしに乗用馬を与え、スルターン（ティムールのこと）の随従のひとりをともなわせて、ティムールのもとへと案内させた。わたくしがティムールの天幕群の門口に立つと、ゆるしがおりて、ティムールの謁見用の天幕に接するもうひとつの天幕に座って待機することになった。すると、「マグリブ（アラビア語で「アル・マグリブ」といい、日の没する地を意味する。具体的には、西アラブ世界、すなわち現在のモロッコ、アルジェリア、チュニジア、リビア、モーリタニアなどの一帯をいう）出身のマーリク派の法官ワリー・アッディーン・イブン・ハルドゥーン」と呼ぶ声があり、ティムールはわたくしを招じ入れ、かくて謁見用の天幕に入り、ティムールに近づいた。食べものの大皿が次々と彼の前に運ばれてくる間、ティムールは肘をたてて寄りかかり、天幕の正面に車座をなして居並ぶモンゴル武将・貴人たちにそれらを回した。

わたくしは、まずは「あなたの上に平安あれ」と述べ、へりくだる素振りをした。するとティムールは頭を上げて、手をわたくしに差し伸べた。わたくしは、その手に口付けた。ティムールは座るように指さし、わたくしはそれに従った。それからティムールは従者たちのなかから、博識のホラズム（アム川下流一帯のこと）人でハナフィー派法学者のアブドゥル・ジャッバール・イブン・アルヌーマーンを呼び寄せ、そこに座して自分たちの通訳をするよう命じた。ティムールはわたくしにマグリブのどこの出身か、そしてなぜ（エジプトに）やって来たのか尋ねた。わたくしはそこで、「巡礼となるために、故国を離れました。海路でエジプトにむかい、この七世紀（ここはあきらかにコピースト、すなわち筆録者の誤り。本来は「この八世紀」とするべきだった）の八四年（ヘジラ暦七八四年のこと）の断食あけの日に、アレクサンドリアの港に着きました。祝祭が市壁のなか、すなわちカイロのスルターン・バルクークの王宮であり、アル・ザーヒル（バルクークのこと）は数えて十日間、王冠をかぶって座っておりました」と答えたのであった。

ティムールはわたくしに「アル・ザーヒルは汝《なんじ》のためになにをなしたのか」と尋ねた。わたくしは「彼はわたくしの立場をかたじけなくも認められ、わたくしに手厚いもてなしをさずけ、巡礼の支度をととのえてくだされた。それから、わたくしが戻ってくると、高給をあてがい、かくてわたくしは彼の庇護と好意のもとにありました。アッラーが彼に恵みと報いを与えられますように」と答えた。ティムールはわたくしに、「いかなる次第でバルクークは、汝を大法官に任じたのか」と問うた。わたくしは答えた。「マーリク派の大法官が、アル・ザーヒルが他界する一ヶ月前に死去したのです。バルクークはわたくしがその立場にふさわしい資格、すなわち公正と正義の追求、そして外部からの影響の拒絶とを備えていると考え、そこでわたくしを任じたのです。しかし、アル・ザーヒルが一ヶ月後に他界すると、政府をあずかるものたちはわたくしの立場を喜ばず、別のカーディーにすげ替えたのです。アッラーが彼らに報いられんことを」と。【＊なお、より正確にいえば、イブン・ハルドゥーンが二回目の大法官に就任してから一ヶ月もたたないうちに、バルクークは食中毒で他界した——筆者コメント、以下同】

あいつぐ質問と歓待

ついで、ティムールはわたくしに「汝の生地はどこか」と尋ねた。わたくしは「内なるマグリブにて、そこの最も偉大なる王に仕えておりました」と答えた。ティムールは「マグリブをいうのに、〝内なる〟とはどういう意味か」といい、わたくしは「彼らの普通のいい方では、その意味は〝奥地〟のことで、すなわち最も遠いのです。なんとなれば、マグリブ全体は地中海の南岸に位置し、こちらに最も近いところがバールカ（現リビア東半のキュレナイカ地方）とイフリーキヤ（ラテン語のアフリカに由来し、ほぼチュニジアを中心にリビア西部とアルジェリア東部一帯をいう）で、マグリブ中部はティリムサーン（もしくはトレムセン）とザナータ地方から成り、かたや最遠のマグリブがファース（フェズ）とモロッコなのです。それが〝内なるマグリブ〟なのであります」と答えた。それからまた、ティムールはわたくしに尋ねた。「それではタンジャ（タンジール）の位置は、このマグリブのどの辺か」と。わたくしは答えて「地中海とアル・ズカーク水路の間にある門口が、すなわち地中海海峡（ジブラルタル）なのです」といった。

マグリブについての質問は、なおつづいた。ティムールはまた、「では、サブタ（セウタ）は？」といい、わたくしは「海峡の（南）岸、タンジャから一日行程のところにあります。そこからイベリアへは、三〇キロばかりの短い距離で渡れます」と述べた。ティムールは「では、シジルマーサは？」と尋ね、わたくしは「（アトラス山脈の）南のかた、農耕地域と砂漠の境目にあります」と答えた。ティムールがいうには「余は満足していない。汝は余のためにマグリブの全土について書いてほしい。それぞれの距離とその近傍の諸地域、そこここの山々や諸河川、それぞれの村々・町々、そのように余はそれをありありと見えるようにしたいものだ」と。わたくしは「それは御前の援助のもとに、かなうことでありましょう」と答えた。それから、わたくしはティムールとともに聴衆から離れ、ティムールのために彼が求めたことをしるすことになった（なお、これはのち、二四〇頁もの大著となってティムールに提出された）。

それからティムールは召使たちに指図して、自分の天幕から「リシュタ」と呼ばれるある種の食べものをもってこさせたが、彼らは飛び切りの料理人たちであった。幾皿もが運ばれてきて、ティムールはわたくしの前に並べるよう指令した。わたくしは立ちあがり、食べ飲み、心地よく愉快で、そしてそのことがティムールに好ましい印象を与えた。わたくしは着座して、われわれは黙したままでいた。というのは、わたくしはシャーフィイー派の大法官であるサドル・アッディーン・アルムナーウィーにふりかかった不幸のために打ちひしがれていたのであった。アルムナーウィーは、エジプト軍を追撃したものたちによってシャクハブで捕虜となり、そして連行され、彼の身代金を求めるものたちの手で投獄されたのであった。このことを懸念して、わたくしは胸中でティムールにいうべきいくらかのことばを考え、ティムールと彼の政権をもちあげて喜ばそうとした。

覇王ティムール出現についての予言

これよりさき、わたくしはマグリブにいたとき、ティムールの出現について数多くの予言を耳にしていた。かねて二つの超星（土星と木星、もしくは木星と火星）の交合を論じていた占星家たちは、三角法における十番目の交合を待っていたが、それは七番目の世紀の六六年（すなわちヘジラ暦七六六年）に起こると想定されていた。（七）六一年のある日、わたくしはフェズ（ファース）のカーラウィイーン・モスクで、このことについての権威であったクスタンティニーヤ（コンスタンティネ。チュニス西方およそ二〇〇キロメートルの町）の説教師アブー・アリー・イブン・バーディスと会った。わたくしは、起こるべきこの交合とその暗示について尋ねた。イブン・バーディスがわたくしに答えていうには、「それは沙漠の民にして、天幕の居住者たちのいる北東の地域より、諸王国を打ち破り、諸政権を打ち倒し、そして人が住まう世界の大半の主人となるひとりの権力者の出現を示している」と。わたくしが「それはいつそうなるのですか」と尋ねると、イブン・バーディスは「(七)八四年に、そのことごとは広く知れわたるだろう」といったのであった。

イブン・ザルザルは、ユダヤ人医師でフランクの王イブン・アルフォンソの占星家であったが、わたくしに同じような手紙を書き、またわたくしの師で、形而上学についての権威ムハンマド・イブン・イブラーヒーム・アルアービリー、〝アッラーが彼に慈悲を与えられますように〟は、いつでも語りあい、また尋ねるよう、わたくしにいっていたが、「この大事は近づいている。そして、汝が生きていれば、汝はきっとその証人となるだろう」と述べた。【＊ここであえて少し長めの註記をしたい。イブン・ハルドゥーンは、『歴史序説』のはじめのところでイブラーヒーム・イブン・ザルザルに言及している。イブン・ザルザルは、アラビア語・ヘブライ語・クリスチャン＝スパニッシュの同時代諸史料のなかでよく知られている。彼の名は、ザルザール、ザルワール、サルサルなどさまざまで、ヘジラ暦七五六年（西暦一三五五年）に北アフリカ、現モロッコのフェズのアブー・イナーンの宮廷に仕えていたとき、イブン・ハルドゥーンと知り合った。のち、イブン・ザルザルはイブン・アルアフマルと呼ばれたグラナダのスルターン・ムハンマド五世に宮廷医師・占星家として仕え、侍従イブン・リドワーンの悲劇的な死のあと、グラナダを離れ、キリスト教国カスティーリャのアルフォンソの息子ペドロ、すなわち残忍王ペドロに仕えた。ちなみに、このように当時の北アフリカからイベリア一帯は、ほとんど〝壁のない世界〟であった】

わたくしたちは、マグリブのスーフィー（いわゆるイスラーム神秘主義者）たちもこの出来事を予期していると、かねて耳にしていた。しかしながら、彼らは世界の新展開を演じるのは、シーアやその他の予言者的な伝統にかかわるファーティマ朝（シーア派のひとつイスマーイール派がたてた王朝。九〇九〜一一七一年）をひきつぐものたちであろうと信じていた。

ヤフヤー・イブン・アブドゥラーは、シャイフ・アブー・ヤークーブ・アルバーディスィーの孫で、マグリブの聖者たちのなかでも突出した人物であったが、彼がわたくしに語るには、（祖父たる）シャイフは朝の祈りから戻ると、みなのものに「今日、ファーティマ朝に代わるものが生まれた」といったという。それは、ヘジラ暦八世紀の四番目の一〇年（七三〇年代のこと）であった。【＊なお、イブン・ハルドゥーンは、シャイフ・アブー・ヤークーブ・アルバーディスィーについて、ヘジラ暦八世紀のマグリブにおける最も偉大な聖者であったという。イブン・ハルドゥーン本人は、アブー・ヤークーブのもとで直接に教えを受けたわけではないが、その孫アブー・ザカリーヤー・ヤフヤーを通じて彼のことを学んだのであった】

イブン・ハルドゥーンが語る王権論とアサビーヤ（連帯意識、もしくは集団的忠誠心）

《その一》

こうした次第であったので、わたくしも様子を眺めていたのだが、今やいくばくかの懸念からふと思いついてティムールの気をひきつけ、わたくしに好意的になってもらうように考えた。そこで、わたくしはこう語りかけた。「アッラーがあなたを助けますように。わたくしがあなたにお会いしたいと思ってから三、四十年になります」と。通訳のアブドゥル・ジャッバールは、「それは一体どういうわけで?」と尋ねた。わたくしは答えた。「ふたつのことからです。第一はあなたが宇宙のスルターンであり、世界の支配者だからです。そして、アダムからこの時代にいたるまで、人としてあなたのような支配者は現れていないと信じております。わたくしは、推測で物事を述べるたぐいの人間ではありません。というのは、わたくしは学者でありますので、このことを説明いたします。すなわち、統治権は〝集団的忠誠心〟(アラビア語で「アサビーヤ」)のゆえにのみ存します。そしてより大きい数の集団となりますが、それよりさらに大きいものは統治権の広がりです」「学者は、おおむね人類のほとんどの人々を、ふたつのグループ、すなわちアラブ族とテュルク族に分けます。アラブ人の力は、彼らが彼らの予言者(ムハンマドのこと)に従って、彼らの宗教のもとに団結するときにいかに確立されるものか、ご存じでしょう。テユルクについては、ペルシアの王たちとの抗争と、(テュルク王たる)アフラスィヤーブによってペルシア王の手よりホラーサーンを奪取することこそが、彼らが王族たる起源をもつことの〝あかし〟なのです。そして、彼らの〝集団的忠誠心〟においては、地上において彼らとくらべうる王はいないのです。ホスローも、カエサルも、アレクサンドロスも、ネブカドネザルも。ホスローはペルシア人たちの頭《かしら》で、その王ですが、しかしペルシア人とテュルクたちとの違いはなんたるものでしょう。カエサルとアレクサンドロスはギリシア人の王でありますが、やはりまたもやギリシア人とテュルクたちとの違いはなんたるものでしょうか。ネブカドネザルはといえば、バビロン人やナバテア人の長でしたが、これらのものたちとテュルクたちとの違いはなんたるものでしょう。こうしたことは、わたくしがこの王(ティムールのこと)について主張したことの明らかな証左となるものです」

《その二》

「わたくしをして、あなたにお会いしたいものだと思わしめた二番目の理由は、マグリブの予言者たちやムスリム聖者たちが、常に口にしていたこととかかわります」といい、そしてわたくしは上記のことを述べた。そこで、ティムールはわたくしにいった。「汝が、ホスローやカエサルそしてアレクサンドロスとともに、ネブカドネザルについて言及したのは、ネブカドネザルは名目上は彼らほどのものではなかったけれども、余にはその意味がわかる。ホスロー以下はいずれも文字どおり偉大な王であり、そのいっぽうネブカドネザルはあくまでペルシアの将軍のひとりにすぎなかった。【＊ネブカドネザルはペルシアの一地方の支配者で、帝国西境をあずかるサトラップ、ペルシア語でいえばマルズバーンたる立場にとどまったが、イブン・ハルドゥーンは彼が実際上の権力者であったところから、あえて「王」と呼んだ】ちょうど、余自身が王位の主権者の代理人にすぎないのと同じように。だが余もまた、こうしてここにある」

【＊ここでいくらか説明をくわえたい。ティムールは、あくまで建前だけでいうならば、実際のところ王でも支配者でもなかった。名義上の王位の主権者は、ペルシア語で〝サーヒブ・アルタフト〟すなわち「玉座の主」と呼ばれたマフムード・ハンで、ヘジラ暦七九〇年にソユルガトミシュ・ハンのあとを継いだ。いずれも、モンゴル世界帝国のうち、チンギス・カンの第二子チャガタイの子孫で、いわゆるチャガタイ・ウルスの西半分を支配したのが彼らであった。とはいえ、ソユルガトミシュもマフムードも飾り物にすぎず、実権はチャガタイ家臣団出身のティムールが握り、ユーラシアの西半を駆けめぐることになる。ようするに、ティムールは事実上の帝王であった。そのあたり、イブン・ハルドゥーンは話の〝つぼ〟を、きちんと押さえていたことになる】

《その三》

そして、ティムールは彼のうしろに立っているものたちの列にしかるべく合図をしたが、そのなかには彼が意図する人物もいたはずであった。それはティムールの継子《けいし》で、ティムールがその少年の父親で名義上では君主であったソユルガトミシュの死後に、その母を娶《めと》ったのであった。しかし、ティムールはその継子の姿を見つけられず、列をなして立っているものたちは、彼は退出したと説明した。

ティムールはわたくしのほうに再び顔をむけ、「ネブカドネザルは、何人《なにびと》なのか」と問うた。わたくしは、「それに関しては、人によりさまざまな意見があります。ある人はナバテア人、すなわちバビロン最後の王だといい、他の人は最初のペルシア人だといいます」と答えた。ティムールは、「それはマヌージフル（もしくはマヌーシフル。最初のペルシア人の名で、「銀の顔」を意味する）の子孫だったということだ」といった。わたくしは

「そうです。そういわれてきました」と答えた。

ティムールがつづけていうには、「そして、われらはわれらが母方においてマヌーシフルとかかわっている」と。わたくしはティムールがいったことの重大さを通訳者と議論し、そしてティムールにいった。「これこそ、あなたとすぐにでもお会いしたかったもうひとつの理由なのです」と。

王（たるティムール）は、それからまたこう述べた。「ネブカトネザルについてのふたつの見方は、汝の意見ではどちらがより重いか」と。わたくしは答えた「それは彼はバビロンの諸王たちのうち、最後のひとりでした」と。しかしながら、ティムールは、もうひとつの見方のほうが好ましいという考えを表明した。

わたくしはいった、「タバリー（ムハンマド・イブン・ジャリール・アルタバリーは、アッバース朝期の大歴史家・イスラーム法学者。さまざまに矛盾するデータもあえて併記し、一大史料源をなす。八三八―九二三）の意見に耳を傾けましょう。というのは、彼は人類にして伝承家で、彼よりまさる意見はありません」と。ティムールは、「われらはタバリーを頼りにしない。通訳にアラブとペルシアの歴史書をもってこさせて、汝と議論しよう」といい、わたくしは、「では、わたくしのほうは、タバリーの観点によって議論いたしましょう」と述べた。ここで議論は終わり、ティムールは黙した。

ダマスクス開城と城塞の破壊

（その直後）ティムールのもとに、知らせがもたらされた。すなわちダマスクスの城門が開かれ、法官たちは降伏の約束を履行するため城外に出た。そうすれば、ティムールはねんごろに恩赦をさずけてくれるはずだと、彼らは考えたのである。

かくて、ティムールは膝の問題があるため、（輿《こし》に乗って）わたくしたちの前より乗用馬のところまで運ばれ、そこで手綱をとり、まっすぐに背を伸ばして鞍にまたがった。そして、ダマスクスのジャービヤ門近くにあるマンジャクの墓地の方へと、伴まわりを従えて駆け去った。そしてそこに至ると、ティムールは謁見の場に座し、かたやダマスクス市の法官や貴顕たちは彼のもとに参じ、わたくしもまた人々とともに赴いた。やがて、ティムールは参集した人々に退出するよう合図し、ダマスクスの代官たるシャー・マリクにそれぞれのものたちの公職用の法服をさずけさせ、わたくしにはそのまま着座するよう指示し、そこでわたくしはティムールの正面に座した。
それからティムールは、事の処理にかかわる政府の諸アミール（将領）を召集した。アミールたちは、建築の職工長や技術者を連れてきて、城塞部分の堀にめぐらされている水を断てるかどうか議論し、かくてこの作業によって水の取り入れ口を発見することができたのであった。彼らは、長時間ティムールの御前会議で討議し、そののち散去した。
わたくしもまた、ゆるしをうけて、市内にある自分の家に向かった。わたくしは家をしめきったままにしていたのだが、ティムールがわたくしに求めたように、マグリブについての記述をそこで書きはじめた。数日間で書きあげ、それをティムールに献呈すると、彼はわたくしの手から取って、自分の書記（アラビア語で「ムワッキー」。公文書の作成・監督者）にそれをモンゴル語に翻訳させた。【＊ちなみに、カイロのマムルーク朝のもとには、「モグリー」すなわちモンゴル語でしるされた文書や書簡を翻訳する特別部局があったことが知られている】
こうしたのち、ティムールは城塞の包囲攻撃にひたすら邁進した。彼はカタパルト（射出機）・ナフサ砲《ガン》・バリスタ（石弓式投石機）・ブリーチャー（攻城機）を立ち上げ、さらに数日以内に六十のカタパルト、その他の類似した機械装置を据え付けた。攻囲は城塞のなかにいるものに、常に激しく仕掛けられ、構造物はあらゆる側から破壊された。それゆえ、守備側には、そのなかにかなりの数のスルターンに仕えていたものがいるいっぽう、スルターンが置き去りにしたものたちもおり、それらのものは和平を求めた。ティムールは彼らに恩赦を与え、目の前に引き出させた。城塞は破壊され、その痕跡さえ完全にぬぐい去られた。

おそるべき破壊と略奪

そのかたわら、ティムールはエジプトの支配者、すなわちまだ少年であったマムルーク朝のスルターン・ファラジュとその麾下の将帥・兵士たちが放り出していったすべての財産・乗用馬・天幕を手に入れたあと、拷問をかけて町の住民から五十キロの正金《しょうきん》を没収した。その後、ティムールは市内の人々の家々を略奪するゆるしを与え、かくて兵士たちは住民のすべての家具・家財を根こそぎにした。残りの価値のない備品や用具は火にかけられ、火は家々の壁や木製の梁《はり》を伝って広がった。火はおさまらず、やがて大モスク（ウマイヤ・モスク）に延焼し、炎は屋根に昇り、内側の鉛を融かし、天井と壁を崩壊させた。これは限りなく卑劣でいまわしい行いであったが、事の移ろいはアッラーの手の中にある。

【＊ここでいくらか補追したい。ティムールの伝記を著したシャラフ・アッディーンや少し詳細の異なるニザーム・アッディーン・シャーミーによれば、ティムールはモスクを救うべくシャー・マリクをつかわしたが、彼の手勢たちの努力にもかかわらず、東のミナレット（光塔）は石造りであったけれども、すっかり駄目になり、かたや「花嫁のミナレット」は木造だったが奇跡的に救われた。このミナレットは「イエスの塔」である。しかしながら、モスクのドーム（丸天井）全体は鉛でおおわれていたが、イブン・ハルドゥーンが語るように、救われなかった。ちなみに、シャラフ・アッディーンは、このことを〝このものたちへの〟アッラーの怒りのためであるとする】

なお、ダマスクスの城塞への攻撃は、およそ四日間にわたる攻撃計画の立案・議論ののち、おそらくはヘジラ暦八〇三年ジュマーダー月の二十八日（西暦一四〇一年一月十四日）

に始まり、ヘジラ暦八〇三年ラジャブ月の十一日（西暦一四〇一年二月二十五日）に終わった。そして、ティムール以下のアミールたちがダマスクスを離れたのは、ヘジラ暦八〇三年シャアバーン月の三日（西暦一四〇一年三月十九日）のことであった。

ティムール

第六章　カイロへの帰還

イブン・ハルドゥーンの贈物と安堵状

【＊ひきつづきイブン・ハルドゥーン自身の記述より】

わたくしがスルターン・ティムールのもとですごした間、以前からの知り合いであった友人のひとりが、権威者たちの習慣を心得ており、ティムールに贈物をしてはどうかとわたくしに勧めた。とはいえ、それはむしろささやかなほうがいいという。というのは、それが支配者たちに会うときの決まったやり方だからであった。そこでわたくしは書籍市場で、とびきり美麗なクルアーン（コーラン）の写本を買い求め、美しい祈禱用の小型の絨《じゅう》毯《たん》、そして預言者（ムハンマド）を讃えるアル・アブースィリー（もしくはアル・ブースィリー）による詩集ブルダを選び、さらに四箱の素晴らしいカイロ産の砂糖漬をたずさえた。わたくしはこうした贈物を持参して、そのころティムールが居住していたカスル・アブラク（「縞の宮殿」の意）を訪れた。

ティムールは、謁見の間に座して、わたくしがやってくるのを見ると、立ちあがってわたくしに自分の右側に座るよう合図した。そこでわたくしが着座すると、チャガタイ族の長たちが幾人もティムールの左右に居並んだ。しばらくそこに座したあと、わたくしはティムールの正面に移り、かねての贈物を召使の手より差し出させた。わたくしは、それらを下に置かせ、ティムールはわたくしのほうに向いた。それから、わたくしはクルアーンを開き、そしてティムールはそれを目にすると、ただちに立ちあがってクルアーンを自分の頭の上にのせた。これは敬意の表現であった。

さらに、わたくしはブルダをティムールに贈った。ティムールはブルダとその著者について尋ね、わたくしはそれに関してはすべてを知っていると答えた。ついで、ティムールに祈禱用の絨毯をささげると、ティムールは受け取って口づけをした。また、わたくしは彼の前に砂糖漬の入った箱を置き、しきたりどおりにうやうやしくそのひとかけらをつまんだ。ようするに、毒味をして安全であることを示したのである。すると、ティムールは、そこに居並ぶ面々に、箱のなかの砂糖漬を分け与えた。ティムールは、これらすべてを受け取り、自分は喜んでいるとのそぶりを見せた。

それからわたくしは、わたくし自身とそこに居合わす連れたちについて、心に浮かぶことをどう言葉にしたらよいのか、よくよく思案した。そして、わたくしはいった。「アッラーがあなたを助けますように。わたくしは、あなたのまえでお願いしたいことがあります」と。ティムールは「申せ」といい、そこでわたくしはいった。「わたくしはこの国では二重の意味で異邦人です。まずは、わたくしは故郷であり出生地でもあるマグリブから遥か遠くにあり、もうひとつには家族のいるカイロからも離れております。わたくしは、あなたの庇護のもとにおります。異郷の地にあることの慰めとして、あなたのお考えをいただければと存じます」と。ティムールはいった。「余になにを欲するのか申せ」と。わたくしはいった。「わたくしは異郷におり、望むことも忘れました。おそらくはあなたは――アッラーがあなたを助けますように――、わたくしが欲することをおわかりでしょう」と。ティムールは答えた。「ダマスクス市内を出て、余とともに幕営におれ。そして、もしアッラーが望むならば、余は汝《なんじ》の最高の願いをかなえよう」と。わたくしはティムールにいった。「あなたの代官であるシャー・マリクに、わがための御命《ぎょめい》を申しつけください」と。ティムールはこれを履行するよう、シャー・マリクに合図した。

わたくしはティムールに感謝し、かつ慶祝《けいしゅく》したうえで、「なおもうひとつ、あります」といった。「それはなんだ」とティムールは尋ね、わたくしは答えた。「コーラン読誦《どくじゅ》師や書記、官庁の役人たち、行政官たちが、エジプトのスルターンのために捨ておかれたまま、あなたの手のなかにあります。王たるものは、必ずやそのものたちをなおざりにはしないでしょう。あなたの力は巨大であり、あなたの版図はきわめて広大で、さまざまな分野の行政官たちをさらに必要とするのは、あなたの政府よりほかはないでしょう」と。

ティムールはわたくしに、「それで汝は彼らのためになにを欲するのか」と尋ね、わたくしは「かの人たちの状況がどのようでありましょうとも、彼らが願いをかけたり、そのよるべとなるような安堵状をいただければ」と述べた。ティムールは書記官に「そのものたちに、かようなことに役立つ命令書を作成せよ」といいつけた。わたくしはティムールに感謝し、かつたたえつつ、その書記官とともに退出した。やがて安堵状ができあがり、シャー・マリクがスルターンの玉璽《ぎょくじ》をそれに押捺《おうなつ》した。それから、わたくしは自分の家に赴いた。

ティムールとの別れ、カイロへの帰還

ティムールが出立する時が近づき、ダマスクスを去ることが決まったとき、わたくしは、彼のもとを訪れた。わたくしたちは、いつもどおりの挨拶をしたあと、ティムールはわたくしのほうに向いて「汝は騾馬《らば》をもっているか」といった。わたくしが「はい」と答えると、ティムールは「それは良い騾馬か」といい、わたくしは「そうです」と答えた。ティムールは「それを自分に売らないか。余は汝から騾馬を買おうと思うのだが」といい、わたくしは「アッラーがあなたを助けますように。わたくしのようなものが、あなたのような方に売るなどというようなことはありません。ですが、謹んであなたに差し上げましょう。そして、またわたくしがもっと騾馬をもっていれば、それらについても」と述べた。

ティムールはいった。「余はただおまえの気前のよさに報いたいと思うだけだ」と。わたくしは答えた。「あなたがわたくしに示された以上の寛大さなど、どこにありましょうか。あなたは、わたくしに溢れるほどの好意をさずけられ、あなたの身近な方々とともに、あなたの幕営でわたくしの居場所を与えられ、そして親切かつ寛大に扱ってくださいまし

た。わたくしは、アッラーがあなたに随分と報いを与えられますよう望みます」と。ティムールは黙した。そして、わたくしも。騾馬は、わたくしが幕営にいる間にティムールのもとに運ばれ、その後は目にすることはなかった。それからある日、わたくしがティムールのもとに赴くと、彼は尋ねた。「汝はカイロへ旅立つつもりか」と。わたくしは、「アッラーがあなたを助けますように。ともかく、わたくしの望みはあなたにお仕えすることだけです。あなたは、わたくしに庇護と恩赦を与えられました。もし、カイロへの旅があなたへの勤めであるならば必ずのこと、そうでなければわたくしはそうするつもりはありません」といった。

しかし、ティムールは「いや、しかし、汝は家族や仲間のところに戻るがいい」といった。それからティムールは、家畜のための春の放牧地で、ついしばらく前まではエジプト軍の野営地であったシャクハブへ進軍しようとしていた自分のむすこ【＊ミーラーン・シャーか、もしくはシャー・ルフか】に顔を向け、熱心に語りあった。アブドゥル・ジャッバールは、わたくしたちの通訳を務めてくれた学者であったが、わたくしに「スルターン・ティムールは、皇子にあなたのことを推奨しています」といい、わたくしは彼に感謝した。

しかし、わたくしは皇子との旅は方角がはっきりせず、最も近い海港であるサファドへ赴いたほうがいいのではと考えた。【＊このあたり、おそらくイブン・ハルドゥーンの記憶違いである。サファドは、有名な海港のアッカー（アッコ、アクレともいう）の南東、およそ四〇キロの内陸部にあった。たぶん彼は、海岸部へ至るにはシャクハブ経由のルートより、サファド経由の道のほうが短いといいたかったのだろう】わたくしがその旨を話すと、皇子はそれに賛同し、サファドの執事であるイブン・アルドゥワイダリーのもとから皇子のところへとやってきた使者の世話人として、わたくしを推薦した。かくて、わたくしはティムールに別れの挨拶をして出発した。しかし、どのルートを採るかで使者と意見が分かれ、結局はたがいに別々となって、わたくしは友人たちのグループとともに進んだ。

ところが、わたくしたちは一団の部族（アラビア語で「アシール」）にさえぎられ、道をふさがれて一切の所持品を奪われ、ほとんど裸同然となって、とある村へと逃げ込んだ。【＊これは明らかにドルーズ派のものたちの仕業で、その拠点のひとつはヘルモン山の西方、ワーディ・タイムにあった】そして二、三日のち、アル・スバイバに辿りつき、衣服を手に入れてサファドへとむかい、そこで幾日か滞在した。それから、小アジアのスルターンであるバヤジト（ただしくはアブー・ヤズィド）・イブン・オスマーンの船のひとつに乗った。そこには、エジプトのスルターンからバヤジトのもとへ赴いた使者が乗船しており、スルターンの伝言に対する返答をたずさえて戻る途中であった。わたくしは、ともどもにガザまで乗船し、そこで船をおりて、そこからカイロにむかい、同じ年、すなわちヘジラ暦八〇三年のシャアバーン月にカイロに辿りついたのであった。——

騾馬の代金

カイロでは、イブン・ハルドゥーンはダマスクスで他界したという噂が流れていた。そこへ、ふいに戻ってきたのであった。そのいっぽう、無用な撤退をしたエジプト・マムルーク朝の支配者であるスルターン・ファラジュは、和平の提案を受け入れるよう、自分の宮廷から使節をアミール・ティムールのもとに送った。使節の名は、バイサク・アルシャイヒーといった。やがて、ティムールからの書簡がカイロに届いた。ヘジラ暦八〇三年ジュマーダ・アルアーヘル月の二十一日、西暦では一四〇一年二月六日のことであった。それは、ティムール軍の有力武将アトルミシュの解放を求めるもので、もしアトルミシュの返還が実現したならば、ティムールのほうはエジプト側の法官サドル・アッディーン・アルムナーウィーをはじめ、かなりの数の捕虜たちを解放しようと約束したのであった。

そうしたやりとりののち、ティムール側のアトルミシュは牢獄から出され、マムルーク武将アミール・スードゥーン・ターズの屋敷にお預けの身となった。ついで、バイサクはスルターン・ファラジュがティムール側の提案を受け入れる意向であることを、ティムールに知らせる書簡を送った。イブン・アラブシャーの綴るところによれば、スルターン・ファラジュをはじめとするエジプト軍の主力が、ダマスクス一帯での戦闘から逃げ去るようにカイロへ戻ったのち、バイサクは一通の書簡をたずさえてティムールのもとに赴いた。

それは、エジプト軍が撤退せざるをえなかった理由について述べつつも、なおティムールに対する威嚇《いかく》の文言を含むものであった。ティムールはその書簡を読むと、バイサクに「おまえらの城塞にいってみろ」といい捨てた。たしかに、バイサクはその帰路ダマスクスを通過し、全くの廃墟となりはてたダマスクス城塞を眺めることになったのであった。

　さて、エジプト側の使節バイサクは、ティムールのもとよりカイロに戻ると、友人のひとりをイブン・ハルドゥーンのところにゆかせていうには、「アミール・ティムールは、あなたから買った騾馬の代金を自分に預けた。さあ、どうぞ受け取ってください。ティムールは、あなたから借りたままになっている金額を、われらを通じて支払うよう命じたのですから」と。しかし、イブン・ハルドゥーンは「使節たるバイサクを、ティムールのもとに送った当のスルターンがお許しくださるまでは、わたくしは受け取りません」といい、〝国権の長〟（アラビア語で「サーヒブ・アッダウラ」）たる当のスルターン・ファラジュのもとに赴いて、事の次第を直接に言上した。

　スルターンはイブン・ハルドゥーンに「それでなにか不都合があるのか」といい、それに答えて「あなたにそのことを申し上げないまま、代金を受け取ることは、わたくしにはできません」と言上した。しかし、ファラジュは見て見ぬ振りをして、しばらくあってその金額が送られてきた。それを持参してきたものは、いいつけられたことだといいつつも、全額ではないのだからと弁明した。ようするに、スルターン・ファラジュはこれにかかわるいきさつを、暗黙のうちに了承したのであった。まさに東西対決の渦中にあった当時、ティムールにもマムルーク朝側にも、いずれについても顔の利くイブン・ハルドゥーンは、ある種の危うさも含めて、きわめてユニークなスタンスのなかで生きていたといってよかった。

イブン・ハルドゥーンの他界

ひるがえって、イブン・ハルドゥーンは帰国後、マーリク派の大法官に任じられた。三回目のことであった。しかし、彼の人生はやはり波乱に満ちていた。よくもわるくも、平穏無事では済まない人であった。任じられて十ヶ月ほどで、ふたたび免職となった。代わりに、ジャマール・アッディーン・アルビサーティーが大法官となった。賄賂《わいろ》による地位であった。ところが、彼もまた免職となり、五ヶ月後にはイブン・ハルドゥーンが大法官に復職した。しかし、ビサーティーもしぶとく、マムルーク宮廷を動かして再逆転を果たした。さらに、再々逆転があって、イブン・ハルドゥーンは五回目の大法官に就任した。

とはいえ、それはまた三ヶ月ほどの期間でしかなかった。当時のマムルーク宮廷・政府はきわめて不安定であり、軍閥・領袖たちの内訌《ないこう》は日常茶飯事といってよかった。詐術と虚偽が充満していた。イブン・ハルドゥーンの人生は、絶えざる浮き沈みのなかにあったといっていい。

一四〇六年、イブン・ハルドゥーンは六回目の大法官となったが、就任わずか九日にして他界した。七十四歳になる直前であった。ついのすみかとなったカイロには、家族のほかさまざまな人脈や関係者たちがおり、葬列は長くつづいたとされる。ちなみに、かのティムールはといえば、人生最後の大勝負に出て、かのモンゴル大帝国の巨大版図を復活せしめるべく、明朝治下の中国にむけ東征の軍旅に出たが、中国領に達するまえに、オトラルの地で他界していた（一四〇五年）。オトラルは、奇しくもかのチンギス・カンの大西征において、最初の攻撃目標となったところであった。

もし、ティムールにあと数年ほどの時間が与えられていれば、おそらく明王朝は存在しなかった。そして、世界史はもっと別の歩みをしるすことになったかもしれない。結果としては、イブン・ハルドゥーンが他界する前年に、ティムールによる東西制覇の野望は夢と消えていたわけだが、そのことをイブン・ハルドゥーンははたして知っていたのかどうか。ともかく一代の覇王と稀有の歴史哲学者という、相異なるふたつの〝星〟は、不思議なえにしと交合の軌跡を今に伝えることになった。

第七章　東方の覇王からの手紙

ティムールからフランス王シャルル六世への書翰

すでに述べたように、一四〇二年ティムールはアンゴラの戦いでオスマン朝のバヤジト一世を撃破した。それまでは昇る旭日のような勢いであったバヤジトは捕えられ、虜囚の身のまま翌年に病没した。オスマン朝という国家とその支配は、ここでいったんくじかれたかたちとなった。その同じ一四〇二年の七月、ティムールはヨーロッパでも屈指の強国であるフランスにあてて書翰を発した。

ちなみに、この直後にあたるヘジラ暦八〇六年（一四〇三～〇四年）のこと。マムルーク朝後期の歴史家マクリーズィー（一三六四―一四四二）によれば、肥沃《ひよく》で名高いエジプトの地はこの年、おそるべき飢饉に襲われた。全土は荒廃し、住民の大部分が死亡して、ほとんどの農村は荒れはてた。それどころか、これに追い討ちをかけるように、ペストが猛威を振るい、そのすさまじさは、かの一三四七年から四九年にわたる〝ペスト大流行〟をも偲ばせるものがあった。ようするに、ティムールという覇王と彼に率いられた遊牧騎馬軍団の連年にわたる中東への襲来、そして度重なる黒死病の恐怖、それらがともどもにあいまってアフロ・ユーラシアの西半を黒々とした陰鬱が広くおおっていたのであった。

そのいっぽう当時のフランス王国は、いわゆる百年戦争（一三三七〜一四五三年）という英仏間の長期紛争のさなかにあり、この時点でのフランス王はヴァロア朝のシャルル六世（一三六八―一四二二）であった。ただし、シャルル六世は十二歳で王位を継いだのち、一三九二年から精神を病み、王族たちはブルゴーニュ派とアルマニャク派のふたつに分かれて、内戦を展開していた。東方の覇王ティムールの書翰がシャルル六世のもとに届いた時、三十代なかばの壮年に達していたが、すでにシャルルの心身はかなり傷ついていたといってよかった。

もとより、東方におそるべき怪物が出現して、中央アジア、キプチャク草原、ルースィ（ロシア）方面、インド、イラン、イラク、中東一帯をすさまじい勢いで席捲していることは、十分すぎるほどよく知っていたはずであった。その帝王ティムールからの書翰が送られてきたのであった。一四〇二年八月一日のことであった。この時、シャルル六世とフランス宮廷の反応が、はたしてどのようなものであったか、残念ながらしかるべき記録は残っておらず、想像の限りでない。

それはアラビア文字ペルシア語で綴られていた

さて、その書翰は一枚の縦長の紙にしるされ、各行は、紙幅の右側四分の一ほどを余白とするかたちで綴られている。紙そのものはかなり分厚いけれども、製紙工房を示すようなマークなどはなく、また全体としてなんらかの装飾が施されているわけでもなかった。ようするに、しっかりとした紙ではあるが、質朴といっていいシンプルな用紙に、アラビア文字ペルシア語で十四行にわたる文言がつらねられていた。とりわけ、冒頭の一行目にはアラビア文字で「امیر کبیر تیمور کوران アミーレ・キャビール・テムル・クーラーン」（Amir-i Kavīr Timur kūrān）と、金字と赤字の両方で美しく重ね書きされていた。その意味は、「偉大なるアミール、ティムール・キュレゲン」である。なお、アミールとはイスラーム世界ではよく使われる語で、先述のように指導者・長・指揮官を広く意味する。

また、末尾の「クーラーン」は、本来は Kūrkān、すなわちそのまま片仮名表記すれば「クールカーン」とするすべきところであった。そして、現実にはこの語をモンゴル語も

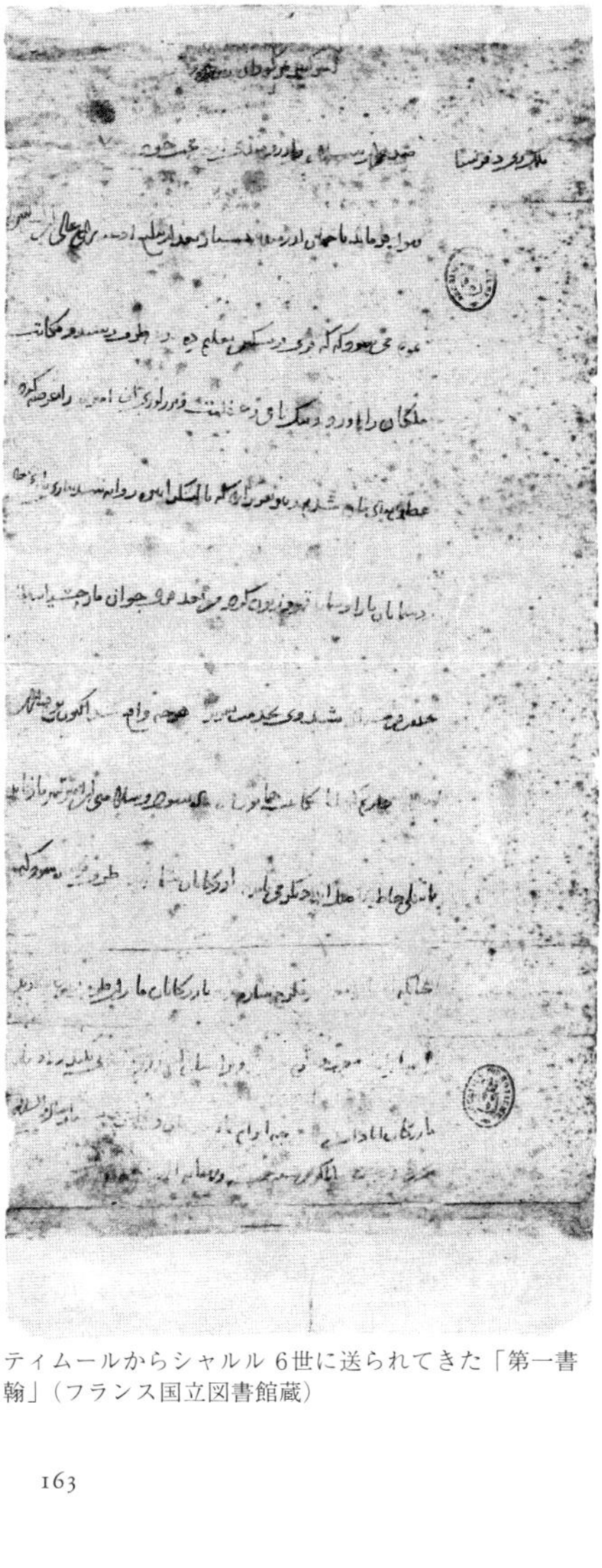

ティムールからシャルル 6世に送られてきた「第一書翰」（フランス国立図書館蔵）

しくはテュルク語として発音すると、「グレゲン」ないしは「キュレゲン」となる。ともかくモンゴル語・テュルク語で「むこ」のこと。漢文式にいえば、「駙馬《ふば》」にあたり、王者・王家の女婿《じょせい》を意味する。ティムールは建前のうえでは、あくまでもチンギス家の王族たちの〝むすめむこ〟なのであった。

ついで、二行目には、本文の右側に突き出すかたちで、やはり金字と赤字で重ね書きしたアラビア文字が綴られている。そのままごく素直に読めば、「マリク・ロワ・ダフランサー」となる。「マリク」は、アラビア語・ペルシア語で「王」のこと。「ロワ」についてはアラビア文字では〝روی〟、すなわちアルファベット表記ならば「RY」としるされる。これは明らかにフランス語の「王」を意味する「ロワ」（フランス語の綴りではroi）を意識したうえでのことである。筆記者は、フランス語の発音と綴りを承知のうえで、あえてアラビア文字で〝ملک روی دفرانسا〟と表記したことになる。

さらに、「ダフランサー」は、フランス語の「ドゥ・フランス」のつもりであり、語尾を「ス」で終わらずに、「サー」と長音のかたちにしたのである。つまり、「フランサーのロワであるマリク」、すなわち「フランス王である王」といっていることになる。そして、この金と赤による文字の左側に、少し間隔を置いて墨書したアラビア文字がつづく。

なお、この行についてのみ、末尾に赤字でV字形のマークがしるされていることが注意される。さらに、文書全体として見れば、金と赤による文字部分を例外として、二行目から十四行目まではすべて、墨書である。ここで、とりわけ注目されるのは、書翰の最後にあたる十四行目の末尾に、「ヘジラ暦八〇五年モハッラム月の第一日」と書翰発行の年月日が明確にしるされ、しかもそこにティムールの印璽《いんじ》が押捺されていることである。まさに、正式の書翰なのであった。

フランス人学者サシによれば、印璽は当時の一フラン貨幣くらいの大きさで、また紙背には用紙の下部にもう少し小さい別の印章が押捺されていた。さらに、紙のへりと裏側にはローマ数字の〝vi〟、すなわち「六」の文字とともに、ゴシック式の字で「タンバーランの最初のもの」としるされているが、こちらはあくまでのちの人による整理用の書き込みである。ちなみに、「タンバーラン」もしくは「タメルラン」とは、もともとペルシア語で「ティムーレ・ラング」、すなわち「跛者《はしゃ》ティムール」という呼び名にちなむ〝あだな〟、もしくは〝通称〟なのであった。つまり、ティムールから送られた最初の書翰であることが、それとして明記されていたのであった。さらに、近代的な文字で「IX」(九番)と記入されているが、これまた、明らかに後世の整理用の番号なのである。なお、もう一点、文書の最下部には三行分くらいの余白がある。とはいえ、これは間違いなく文字どおりの空白であって、なにか特別なことではないだろう。

フランス人学者サシによる研究

ティムールとシャルル六世の間のコレスポンデンス(通信)は、三次にわたった。それらの関係文書は、かつてのフランス王立図書館(現フランス国立図書館)に蔵せられ、それをもとに当時のヨーロッパでルイ・ラングレスと並んで最高の東洋学者といわれたフランスのアントワーヌ・イサーク・シルヴェストル・ドゥ・サシ(なお彼はバロン、すなわち男爵の号をもっていた)が研究し、「タメルランとシャルル六世の未公開書翰についての覚書」と題する、まことに充実した論文として発表された(「フランス王立研究所紀要・碑銘文書アカデミー」六号、四七〇~五二二頁、一八二二年)。ちなみに、この論文そのものの完成時期については、同論文の冒頭に「一八一二年四月三日の査読」と、小さな字だが明確に附記がなされており、実は公刊に至るまでになんと十年もの歳月が流れたことがわかる。

なお、当時はかのフランス革命の時期で、騒然とした国際環境のなかにあった。サシは王党派であったが、なんとか生きのびて、一八〇三年にはナポレオンからレジオン・ドヌール勲章を与えられ、三年後には四十七歳にしてコレージュ・ド・フランスのアラビア語教授に任じられた。サシの令名は高く、学界の大立者としてむしろしばしば人を威圧するような面もあったとされる。かのロゼッタ・ストーン研究で名高いシャンポリオンは彼の弟子であり、ふたりの間にはその後あれこれ複雑な関係が知られているが、それはともかく一八三二年シャンポリオンが他界すると、その翌年、彼の死によって古代エジプト学が闇と忘却のなかに戻ることを懸念する追悼演説をおこなっている。そこに、心の交錯ともいわざるをえない〝なにか〟があったのだろう。

ともかくサシ論文は五十頁以上にわたる堂々たる大論文で、三次にわたるそれぞれの書翰について、ティムールからの「第一書翰」のラテン語翻訳をはじめ、いずれに関しても徹底的に検討し、逐一まことに綿密な注記と解説をフランス語で施した。これまた実に有難い。当時のフランスの学術レヴェル、そしてサシ自身の学力は、まことに際立っていた。なお、ティムールからの第一書簡は、今もフランス国立図書館に蔵されている（一六三頁）。

サシの綿密さを示すひとつの例として、ティムールからの書翰にかかわっていくらか述べたい。サシはいう。「検討すべき重要な点が残されている。それは、ペルシア語の書翰の最下行に押されている印璽で、タメルランのものにほかならない。ルイ・ゴンサレス・ドゥ・クラビーホは、その旅行記のなかでこういっている。『タメルランの紋章は卵形をした三つの円からなる。それは世界の三つの地域の支配者であることを意味している。彼はその紋章を貨幣の上にも、すべてのものの上にもつけさせた。また同様に、印璽の上にも卵形の三つの円を刻し、従属する国のすべての首長にも、それぞれの国々のコインにもつけさせたのであった』と」。

たしかに、ティムールがシャルル六世に送った書翰には、その紋章が確認される。さらには、イブン・アラブシャーによれば、ティムールは印璽と同じものを貨幣や家畜の焼印にも使用したことが知られる。

「文明」と歴史

さて、これに対し、シャルル六世もまたティムールにあて返書を送った。西暦では一四〇三年六月十五日のことであった。そこには、ティムールのバヤジトに対する勝利をことほぐ文脈も綴られていた。かくてアジアとヨーロッパは、かのモンゴル西征軍の脅威が迫った十三世紀なかば以来、百六十年余の歳月をへて、再び別の意味で直接にむきあわざるをえないかたちになった。

ひるがえって、サシが生きた時代はまさに、英仏が「文明」なるものをふりかざしつつ世界を見おろした、十九世紀のはじめころであった。ちなみに、まったくの蛇足ながら、現在の日・中・韓でいう「文明」の原語はシヴィリザスィヨン（仏）、もしくはシヴィリゼイション（英）。すなわち、サシよりいくらか年若いことになるフランスの政治家・歴史家のギゾーによることさらな造語である。もともとは、ラテン語の「キヴィス」、ないしは「キヴィタス」すなわち「市民」に由来する。そのいわんとするところは、せいぜいのところ「都市化」くらいの意味といったらいいいか。ともかく、学者から政界に入り、一八四〇年以後は外相や首相を歴任、結局は一八四八年の二月革命をひきおこすことになるギゾーという〝いわくつきの人物〟による創作である。その日本式翻案が「文明」で、かの福沢諭吉などが盛んにいいたてた。なお、「文明」も「文化」も本来は古代漢語で、「文もて明らかにす」「文もて化す」の意。日本では「文明」「文化」とともに年号となった。かえりみて、福沢の〝訳語〟というか、ひとまず古典も踏まえてひとひねりした造語がはたして適当であったかどうか。率直にいって、いずれにしても西欧の優越を誇示せんがためめの、どこかうさん臭い語といわざるをえない。

さらに、あえて無駄口めいたことをつけ加えるならば、歴史研究というものは、どこかまことに切ないものがある。まずは、事実として確かにあったことがあり、ついでそれを記録・文書・資料として書きとめ、しかるべきところにきちんと保管・維持する人たちがおり、さらにはその後の歴史における動乱や変動を時には自分の体験としつつも、〝事実〟なるものの客観的な証拠や文字どおりの物証を、それぞれに意味あるものとしてあくまでも探究し尽くそうとする人たちがいる。そして、そこには人ごとに持ち分というか、それぞれ別のあり方がもちろんある。

そして、そうした努力の積み重ねのうえに、おそらくは過去のなにかが蘇ってくるのだろう。つまりはそう、歴史というものは、さまざまな時を限りなく繰り返す。また、しばしば同じようなことを繰り返し経験しつつも、そのいくばくかをからくも記憶する。であれば当然ながらどこか自己本位なものであるが、そうしたなにかをともかくも記録させ、結局のところはその涯《はて》になんらかの〝物語〟として仕立てあげられてゆくものなのかもしれない。

第八章　ティムールの死、永楽帝の辛苦

あいつぐふたつの使節団

繰り返しめいてまことに恐縮ながら、もう一度、一四〇二年の出来事について、いくらか補いたい。すでに述べたように、ティムールがアンゴラの戦いで、それまで常勝とされていたバヤジト軍をたたきのめし、バヤジト本人のみならず、その息子までも捕虜としたとき、実はすでに述べた名高いクラビーホ使節団に先行するかたちで、カスティーリャ・レオン王国からふたりの特使が派遣されていた。すなわち、パーヨ・ゴメス・デ・ソトマヨールとエルナン・サンチェス・デ・パラスエロスの両人であった。ふたりはティムール側と連絡をとりつつ、地中海一帯からその東方に至るまでの諸状況を見聞するかたわら、ティムールとバヤジトによる東西決戦を、つくづくとまのあたりに眺めたのであった。

このあたりのなりゆきについては、第一章ですでに述べたところではあるが、カスティーリャから相前後して東方に派遣された大小ふたつの使節団のことに関して、あえて重複を恐れず状況説明を試みたい。ご了解をいただければ幸いである。

既述のように、中央アジアから一気呵成に西進したティムール軍と、それを迎え撃つバヤジト軍という強力な二大勢力は、まさに昇るふたつの太陽であり、その真正面からの激突は、歴史上でも稀に見るものであった。はたしてどちらが勝つのか。あるいは結着がつかないのか。ユーラシア中央域から中東・ヨーロッパに至るまで、それは広く注視のまととなっていたといっていい。なお、これとまったく同じ一四〇二年に、東のかた中華領域では燕王・朱棣《しゅてい》による帝位簒奪という大変動が起きていた。ただし、東も西も、それぞれが他方のことを知っていたかどうかは定かでない。とはいうものの、十五世紀の初頭において、ユーラシアの東西それぞれが、さらなる大変動への可能性を大いに秘めながら、次なるステージへと突きすすみつつあったといっていいだろう。

ひるがえって、覇気溢れる若きエンリケ三世が率いるカスティーリャはといえば、まさにヨーロッパの最西端といっていい位置にあった。そのカスティーリャでさえも、地中海の東辺からアナトリアにかけて起こらんとしていた注目すべき状況を、直線距離でも五〇

○○キロメートルの彼方から、ただ打ち眺めるだけではなかったのである。それどころか、おそらくなんらかの関係や利害をもつヨーロッパ・中東方面のさまざまな大小の諸政権は、それぞれ情勢の探査をはかりつつ、事態の動向を見極めようとしたのである。いっぽう、ソトマヨールとパラスエロスのふたりは、ティムールとバヤジト両軍の兵数から装備・能力・馬群の質などに至るまで、かなりの程度で把握できていたのではないかと推測される。あえて近現代風にいえば、カスティーリャから来た上記の両人とその従者たちは、ある種のウォッチャーというか、いわゆる〝観戦武官〟めいた役割をもっていたのかもしれない。

結局は極端なまでに、バヤジトの敗滅が誰の目にも明らかになると、当初はかのいささか情けないビザンツ皇帝マヌエルをはじめ、オスマン権力の没落を大歓迎する向きが多かったのは当然ながら、逆に圧倒的な勝利者となった老王ティムールの見事な采配ぶりと、その指示のまま自由自在に展開する騎馬軍団こそ、最もおそるべき脅威であることを、中東やヨーロッパの諸勢力はあらためて思い知った。

ちなみに、その一帯が東西決戦の主戦場となったアンゴラが開城したのをはじめ、オスマン朝治下のブルサやニケーアなどの主要都市もティムール軍の追撃隊によって陥落した。

アナトリア方面の海岸には、敗残のオスマン兵やテュルク人たちが溢れた。さまざまな船が仕立てられ、数多くの残兵や避難民たちを、キリスト教側が人種を問わず、ヨーロッパ側に運んだのであった。だが、こうした行為はティムールを激怒させた。というのは、以前からオスマン軍に圧せられていたキリスト教徒側は、バヤジトを攻撃するなら援助しようと、かねてティムールに約していたからである。

結局、ティムール軍はヨーロッパ側に渡ることはなかった。かくて、ボスポラス海峡をはさんで、アジアとヨーロッパはくっきりと色分けされるかたちとなった。船のないティムール軍は、コンスタンティノープルを望見するほかはなかった。もっとも、対岸から威圧するだけでも十二分に効果はあったろうが。

ヨーロッパ各国は、ティムール軍の圧勝の知らせに大いに驚いた。いってみれば、かのおそるべきテュルク軍の脅威を上回る、東方からの未知なる恐怖が出現したのである。その結果、たとえばフランス王シャルル六世は、かねてティムールが送ってきていた書簡を思い起こしてティムールへの返書と贈物を仕立て、またイングランドのヘンリー四世も早速に書簡を送った。さらに、ビザンツ皇帝マヌエルは、コンスタンティノープルに帰還するとともに、形のうえだけとはいえ、ティムールに恭順の意さえ表したのであった。なお、これはあくまでも筆者の個人的な想像でしかないが、アンゴラの戦いの一四〇二年から、ティムールが他界する一四〇五年二月十八日に至るまで、〝ティムールの恐怖〟はユーラシアの東西に広く存在したのではないか。

かたや、当のティムール本人は、イベリアの地からやってきていたソトマヨールとパラスエロスの両人を存分に歓待した。ふつうならば到底、手の内を見せることなど、そもそもありえないはずの軍事情報や機密事項を、ティムールは平気であからさまにした。むしろ逆に、オープンにすることによって、覇王たる度量とふところの広さ、そしてカスティーリャ王への信頼ぶりを示したのである。さらに、カスティーリャからの賓客に対して、数々の特別待遇と贈物の大攻勢をも展開した。

とてつもない歓迎ぶりに、ふたりはすっかりのぼせあがり、またたぶらかされて蕩然《とうぜん》となった。ようするに、酸《す》いも甘いもかみわけた百戦錬磨の手のなかで、両人はいいようにころがされたのであった。これを〝外交〟というならば、たしかにそうではあるだろう。老境に入ってからのティムールは、若いときの剛直さとは違い、まことに手練《てだれ》の極致にあったといっていい。

実のところ、ティムールのほうもまた、若きエンリケ三世とカスティーリャ・レオン王国について、なみなみならぬ関心を抱いていた。それは、ただ単に情報を欲したというだけではなかったろう。彼のまなざしは、中東やヨーロッパ中央域どころか、明らかに遥かに遠いイベリアの地にさえも向けられていたのである。ティムールは、その時すでに七十歳になんなんとしていたが、かのイブン・ハルドゥーンとの対話からもよくわかるように、マグリブ一帯も含めて、ありとあらゆる規模と水準の知識、知見を欲し、また実際にその多くを心得てもいた。彼は、まさに〝世界〟を見つめていたのであり、ともかく驚くべき意欲であったというほかはない。

そんなティムールに、隙はなかった。彼の天性なのか、もしくは長年にわたり、さまざまな修羅場をくぐりぬけてきた挙句のことなのか、少なくともあらゆる行動や振舞いにゆらぎはなかった。つねに沈着冷静、人間と物事と事態とを、冷たく見据えていたように思われる。かのあだ花のような、非力な皇帝マヌエルの心変わりなど、鼻先で嗤《わら》っていたのかもしれない。おそらくは、政治的にも、わざわざボスポラス海峡を渡る危険をあえて冒す必要はないと判断したのだろう。

そしてカスティーリャからの両人をふところのなかに呼び入れ、おそらくあれこれとヨーロッパ諸国のことを聞き出し、有力な情報源と判断材料のひとつとした。そのかたわら、カスティーリャの王が一体どのくらい富力と権力を備えているか、またカスティーリャの周辺にある他のキリスト教国などのなかで、はたしてどれほどの重みをもつと見なされているか、綿密に調べあげさせた。こうして状況をそれなりに把握したうえで、次なる〝なにか〟を切り開くべく、国王エンリケに対して大いに興味を抱き、より親密に通交せんと考えたのである。カスティーリャという発展途上の国、そして覇気満々の若き王エンリケ三世は、ティムールにとってまことに好都合でもあったのだろう。

かくてティムールは、チャガタイ貴族のひとりを選んで特使に任じ、あえて封をしないままの書簡と数多くの贈物をたずさえさせて、一行を西へと送り出したのであった。ちなみに、ティムール自身からエンリケ三世への贈物はといえば、具体的には女性と宝石で、それは通例となっていたという。ただし、真偽のほどは定かではない。

それはともかく、思いもよらぬ特別な日々を過ごしたソトマヨールとパラスエロスの両人は、溢れるほどの〝みやげもの〟をたずさえ、かつティムールの近族たる人物を伴って、遥か西のかたイベリアの地へと向けて旅立った。ヨーロッパ・中東も含めて、〝西方世界〟を震駭《しんがい》させていた東方の覇王ティムールのまなざしは、もはやユーラシアの東西、いやそれ以上にアフロ・ユーラシア世界のかなりな部分をおおっていたというべきかもしれない。

ソトマヨールとパラスエロスら一行が、ティムールの特使を伴いカスティーリャに帰着すると、当然ながらエンリケ三世は大いに反応した。まずは、誰に読まれてもいいように、わざと開封したままのティムールからの親書を眺め、そしてさまざまな贈物を喜び、さらには丁重な文面にひとしお感激し、一気に帝王ティムールとの友好関係を進展せしめんと意気込んだ。こうして、カスティーリャ王国に正式かつ本格的な使節団が新たに組織され、いわゆるクラビーホ使節団が派遣されることになったのであった。

ティムール、東方への帰還

すでに述べたように、一四〇〇年の十一月にハラブ、すなわちアレッポを攻略し、そしてその翌年には現在もまさに中東紛争の要衝となっているダマスクスを開城せしめ、かのイブン・ハルドゥーンともひとときの交流を味わったティムールは、アンゴラの戦いでほとんど完璧に近い大勝利をおさめたあとは、あえてヨーロッパには侵攻しようとしなかった。

ボスポラス海峡は、騎馬を主体とし、船をもたないティムール軍団にとって、たしかにいわば〝閉ざされた海〟であった。とはいうものの、いっぽうでロシア方面からクリミアをへて黒海の北岸づたいにヨーロッパ本土に向かうことは十分に可能であった。また実際に、かつてティムール軍はいわゆるクリム・ハン国に侵攻し、黒海に臨んだことがあったのである。

もし、ティムールにその気があれば、みずから陣頭に立たなくとも、諸子の誰かに別動隊を率いさせて、西のかたヨーロッパへと向かわせることは可能ではあった。もっとも、こうした考えは、まさに机上の空論かもしれない。かえりみれば、ティムール軍はかなり長い間、息つく間もなく移動と戦闘を重ねていた。東はインド亜大陸から中東各地まで、すさまじい勢いで転戦しつづけ、しかもほとんど敗戦を知らなかった。あらためて、つくづくとおそるべき覇王であったというほかはない。

ティムールからすれば、ヨーロッパはそれほど魅力的ではなかったのだろうか。かのフランス王シャルル六世との間には、きちんとしたコレスポンデンスがなされてはいたのだが。ただし、無敵の騎馬軍団にも当然ながら限界はあった。ティムール麾下《きか》の将校たちもまた、中央アジアの本拠地へ戻ることを欲した。すでに数々の莫大な戦利品・財宝がもたらされており、かくてティムールはそれらをたずさえ、ついに馬首を東に向けたのであった。ヨーロッパは救われたといっていいのか、あるいはこれがティムールの限界だったのか、わたくしにはわからない。

ティムールは大兵団を率いて帰還の道を辿り、その道々においてみずから一代でつくりあげた広大な版図を、一四〇三年には一族たちに分与していった。対象となったのは、具体的には東はフェルガーナから西はイラク一帯に及ぶ、まことに広大なエリアである。とはいえ率直にいって、その実態はきわめて緩やかな連合体というか、同族たちによる王権の集合体、あるいは接合体とでもいうしかないものであった。ちなみに、現在のわたくしたちがイメージする〝国家〟や〝国境〟といったものと、当時のユーラシア、とりわけ広大なステップ世界に展開した権力や国家とは、大きく様相が異なっていた。あえていうならば、所詮は単純なまでの〝武力〟、そして血族による結束がすべての鍵であったといったらいいか。

であればこそ、全体を束ねるのは、絶対的な存在であるティムールでしかなく、もし彼が没すれば、たちまちゆらぎかねないものであった。これがティムール帝国のウィーク・ポイントであった。ともかく、ティムールとその麾下の面々は、東還の道すがら、上述の〝分封〟や諸軍団の再編成・再配置をおこないつつ、一四〇四年の七月から八月にサマルカンドに帰着した。久方ぶりの本土であった。

いっぽう、エンリケ三世が送り出したクラビーホたちカスティーリャの使節団もまた、ティムールのあとを追うようにして東方に向かった。途中、船をチャーターし、さまざまな苦労ののち、ついにボスポラス海峡から黒海に入ったが、思いがけず逆風と大時化《おおしけ》に遭遇した。暗闇のなかを辛くもなんとかしのぎ、エンリケ三世からの大切な贈物や荷物などを失うことはなく、浜辺に投げ下ろすことができたものの、その直後に船が海のもくずとなるという危難も経験した。

また、ほとんど名ばかりだが、彼らは例の皇帝マヌエルとその息子アレクシウスとに拝謁もした。一行はさらに東に向かい、エルジンジャンやアルメニアの地を横断し、ノアの方舟で名高いアララト山を眺めるなど、まことにさまざまな体験をへて、ついにティムールの帝都サマルカンドに達した。一四〇四年九月八日のことであった。

クラビーホたちは、紺青と金のアンサンブルからなる陶磁器タイルで見事なまでに装飾された宮殿やモスクなどに感嘆した。ちなみに、モンゴル時代に出現した紺青と金による装飾や陶磁器は、ペルシア語で〝ラジュヴァルディーナ〟と呼ばれ、長らく世界を席捲することになる。

クラビーホ使節団が直接に目にしたティムールは、視力も衰え、瞼《まぶた》が目をふさぐように垂れ下がっていたという。すでにすっかり老人であった。しかし、ティムールはカスティーリャ王エンリケ三世のことを「わが息子」といい、大いにもちあげた。そして、クラビーホ一行を大歓迎し、もてなしつづけた。文字どおり特別待遇の賓客であった。

その後、明朝皇帝からの使者がやってきて、クラビーホたちともども高座に案内されたさい、ティムールの命でクラビーホたちが上座に着くこととなった。さらに、ティムールの高官は明の使者を罵倒し、それまで慣例となっていた明帝への朝貢を打ち切り、かつ明朝の使者をくびり殺して見せしめにすると述べた。明らかにこの時、ティムールは明との開戦をすでに決意していたのである。すなわち、ティムールはかつてのユーラシア東西にわたるモンゴル大帝国のうち、帝王クビライとその子孫が営んだ宗主国「大元ウルス」を〝乗っ取った〟明朝を、みずから打倒する意思を明確にしたのであった。

ティムールの野望ついゆ

ひるがえって思うに、時代、もしくは歴史というものは、しばしば不可思議な演出をする。その結果、「こと」の切所《せつしょ》、切所に、奇妙にさまざまな事柄が集中する。それは一体、なぜなのか。

ティムールが中東各地を席捲し、とりわけバヤジトと対立を深めていたころ、中華の地では明朝第二代の建文帝と、その叔父である燕王・朱棣による文字どおりの骨肉の、泥沼の戦いが繰りひろげられていた。そして、北平（のちの北京）を拠点とする燕王側が、南京を都とする建文帝政府を打倒してしまった。かくて燕王はみずから皇帝となった。そのさい、南京政府側の人びとを大量に、かつ怖るべき残虐さで殺戮したことは歴史に名高い。人類史上でも屈指のものとして記録される大虐殺であった。

　年号を採って永楽帝と呼ばれることになる朱棣が帝位についたのは、一四〇二年。すなわち、まさにアナトリアでティムールとバヤジトによる東西対決がなされた年であった。そしてここに、ティムール対永楽帝という、歴史上ほとんど類例のない、壮大な東西決戦の構図が出現したのであった。

　もっともティムールは、かねて中華領域への遠征を構想してはいた。それがより具体的になったのは一三九七年のこと。ペルシア語・テュルク語で〝モグーリスターン〟（モンゴルの地の意）と呼ばれていた同方面のモンゴル系の皇女を娶《めと》り、提携関係を強めるとともに、明帝国にいたるまでのルートや兵站《へいたん》などをいったん確保した。さらに、四万という大兵団を先発させてもいた。そうしたうえで、帝国全域から軍を召集し、騎馬を主力とする巨大軍団を率いて東征しようとしたのであった。もし、これがそのまま実現していれば、当時の明の南京政府をはじめ、燕王を含めた諸王は一体どう行動したのか。

ただし、この時はたまたま、孫であるピール・ムハンマドからの情報により、ティムールはヒンドゥースターン（インドの北半）に侵攻することになったため、東征すなわち明国打倒作戦は見送られた。明はまことに幸運だった。その後は、すでに述べたようにティムールは中東各地に転戦しつづけ、数々の軍事作戦を展開し、しかも一度も敗戦することなく勝利を重ねた。やがてティムールと麾下の諸軍団は、既述のように一四〇四年に〝本土〟といっていい中央アジアに帰還し、その直属部隊も西トルキスタンの首邑サマルカンドに帰着した。

こうした経緯をティムール側から眺めれば、東のかたモンゴル高原から中華方面への征旅は、七年以上ものびのびとなってしまったことになる。もし、建文帝の南京政府と北平の燕王側との内戦がもう少し長引くか、あるいはティムール軍団がもう少し早く西方作戦を切り上げていたならば、中華領域は、そして世界は、はたしてどうなっていたか。

ともかくも、ティムール軍団は久しぶりの本拠地でゆっくりとくつろぎ、三ヶ月ほどの休息をとった。そしてその年の秋、ティムールはついに東方作戦の意思を明らかにした。このとき東方遠征に動員した兵力は二十万に及んだともいわれる。もっとも兵数については異説もある。いずれにしろ途方もない巨大軍団ではあったのだろう。そもそも、兵力のほとんどは機動性に富む騎馬からなっていた。十五世紀初頭当時、ティムールが引き具した軍団は、おそらくはアフロ・ユーラシア全域を見渡しても飛び抜けた存在だったはずだ。

　たとえば、これをさかのぼること二百年ちかくまえの一二一九年、チンギス・カンは、中央アジアの強国ホラズム・シャー朝へ攻勢をかけた。そのときチンギスが動員した兵数は、各種の要員・従者・工兵・運搬人などを加算し、最大限に見積もっても、せいぜい十万に迫るくらいであったと考えられる。であれば、ティムール最後の遠征軍はとてつもない、当時としては空前といっていい規模であったというほかはない。

　ティムールは、一四〇四年九月にサマルカンドを出発した。すでに冬が迫っていたが、壮大な陣容の軍勢は、かまわずに東にむかった。十二分の戦備と糧秣《りょうまつ》を備えており、おそらくサマルカンドの都城がそっくりそのまま移動するかのような景色だったろう。

　しかし、気象条件はまことに過酷であった。やがて吹雪が襲い、苦しい行程となり、兵馬は次々に倒れたという。それでも、ティムールは旋回しなかった。ほとんど執念といっていいすさまじさであった。老王ティムールには、〝時間〟がなかった。無理な行軍であることも承知のうえで、ともかくなにがなんでも東征したかったのである。

とりあえずの目的地は、オトラルであった。ティムールが本拠地とするマー・ワラー・アンナフルの東端、まさにチンギス西征のとき最初の攻撃目標となったところであった。このあたり、どこか因縁めいている。ともかく、一四〇四年の十一月の末（ヘジラ暦の八〇七年ジュマーダー月二十三日）になって、ティムール軍団はようやくオトラルに辿り着いた。いかに寒気きびしい時とはいえ二ヶ月ちかくもかかったのだから、余程の難行軍だったことがしのばれる。ティムールとその軍は、オトラルの地でいったん休息し、春のおとずれとともに進発して、おそらくモンゴル高原をへて中華の地へと赴くつもりであったのだろう。

こうしたティムール軍の動向は、モンゴル高原とその周辺一帯に割拠するモンゴル系の諸集団のみならず、明帝国にも伝えられたにちがいない。というよりも、明側が知らないはずはなかった。もしティムールが健在のまま東進してくれれば、皇帝となったばかりの永楽帝にとって、もう一度、より強力な中央アジア軍団との運命をかけた激突を覚悟しなければならなかった。そのさい、モンゴル高原の東西に展開する各集団は、はたしてどちらに与《くみ》したか。そして、ティムールと永楽帝、はたしてどちらが勝者となったか。しかし、この問いは歴史の彼方に去ったのである。

文字どおりの老王ティムールは、重い病に苦しんでいた。不治の病気であることを自覚していたのだろう。軍の鼓舞のため、「トイ」を催そうという部下の提案を許諾した。「トイ」とは、テュルク語・モンゴル語で「宴会」をいい、大モンゴル帝国時代にユーラシアの東西に広まった。

三日間のトイにおいて、ティムールは酒だけをひたすら飲んだ。なお、トイは本来ならば三日・五日・七日・九日と奇数日に催されるのだが、三日間だけのトイは控え目といえるものだったかもしれない。しかしティムールはそこでいったん意識を失い、そして回復すると、自分に死期が迫っていることを周囲に告げ、孫のピール・ムハンマドを後継者に指名した。

暗い闇につつまれていたかのようなティムール軍団は、一四〇五年二月にふたたび動き出した。しかし、ティムールはそこでついに他界した。ヘジラ暦八〇七年シャアバーン月の十七日（一四〇五年二月十八日）死に臨み、東征を放棄するなと最後の指示をあたえたが、唯一無二の司令塔たるティムールなくしては、東征も雲散霧消するほかはなかった。ついに、ティムールの野望は夢と消えた。運命としかいいようがない。

ティムールの遺骸は、西へと戻った。そして一ヶ月後、サマルカンドで盛大な葬儀が営まれた。実はその前年、ティムールはアンゴラの戦いでの手傷がもとで他界した愛孫のムハンマド・スルターン・ミールザーのために、サマルカンドにまことに壮大華麗なグール・アミール廟を建設していた。ティムールの亡骸《なきがら》もまたそこに収められた。当然のことではあった。

ひるがえって、永楽帝と明帝国は幸運だったというべきかどうか。このあたり、明側の記録はまことに乏しい。この前後のティムール側と明帝国、そしてその間に介在するモンゴル・テュルク系のさまざまな集団の動向を分析しようとしても、役に立つようなデータはほとんど残されていない。

一例をあげると、モンゴル帝国時代以来、興安嶺《こうあんれい》一帯に展開するかつての東方三王家、すなわちチンギス・カンの弟たちの血統をいただく強力な遊牧軍団は、この時どのような動きをしたのか、ほとんどなにも記録されていない。しかし、彼らがなんらかの動きをしていないはずはない。もちろん、ティムール側に味方して漠北に展開する他のモンゴル系の各軍事勢力も、同様である。しかし明らかに明側は、この前後のモンゴル高原一帯の動向について、言及する意思がない。

そもそも、いわゆる簒奪《さんだつ》により帝位についたばかりの永楽帝自身について、明の記録はほとんど述べるところがない。もっとも、それはやむをえないことだろう。歴史とは、所詮はそんなものである。無言は逆に雄弁である。

ともかく、明側にとっておそるべきティムール騎馬軍団の到来は、回避された。まさに新帝となったばかりの永楽帝にとって、明国内の政情が定まらぬなか、強力きわまりないティムールの大軍団を迎え撃つなどという事態は悪夢以外のなにものでもなかったが、その脅威は突然に消えうせたのである。永楽帝は、みずからを幸運児と思ったかどうか。

その後のことは、ほとんどつけたしでしかない。ティムールの訃報が伝わると、中央アジア一帯では、たちまちのうちにティムール一門による後継者争いが起こった。そうした顚末を逐一つづることに、あまり意味があるとは思えない。ほとんどハチャメチャにちかい内戦、もしくは奪権闘争の嵐が起こった。かくして、よくもわるくも、もともときわめて緩やかな複数の王権・分国の集合体でしかなかったティムール帝国は、内側から急速にゆらぎ、帝国としてのきずなは失われていった。つまるところ、ティムールあってのティムール帝国であることが歴然となったわけである。

死の床にいたティムールによって後継者に指名されたはずのピール・ムハンマドが殺害されると、ティムールの三男ミーラーン・シャーの息子にしてフェルガーナの総督となっていたハリール・スルターンと、ティムールの四男でホラーサーンの総督とされたシャー・ルフのふたりが浮かび上がった。

そして、しばらくののち、一四〇九年五月十三日、シャー・ルフが帝都たるサマルカンドに入城した。さらにシャー・ルフは首都を現アフガニスタンのヘラートに移し、やがて明国とも通交することになる。なお、その時のシャー・ルフ旅行団の往還については、詳しい記録が残る。ようするに、巨大な支配圏は消え、かつてのティムール在世中のような統合力や一体性、さらに侵略性といったものは急速に影を薄くしたのであった。

いっぽう、永楽帝のほうは、南京の建文帝政権を打倒したのち、すぐさま本拠地の北平に戻って、北辺の守りに備えていた。ティムール騎馬軍団の来襲を想定して備えざるをえなかったのである。その脅威は去ったものの、モンゴル高原の諸方に展開する大小の遊牧勢力に対する永楽帝の恐怖は消えなかった。

北平あらため北京に奠都《てんと》した永楽帝ではあったが、北京のすぐ北側には乾燥ステップ世界が大きく広がっていた。いわゆる華北平原とモンゴル高原というふたつのフラットの間には、かなりの高低差をもつ「大地の段差」があり、その接合部分にはギザギザの〝のこぎり歯〟のようになった山岳線が走っている。そして、そのところどころに、通過口となる道がしつらえられており、たとえば張家口《ちょうかこう》などはその典型である。

本来ならば、この山岳線で北のモンゴル高原から到来する遊牧民を撃退すべきであったが、実のところ北からの侵入軍はしばしばこのラインをやすやすと突破し、十分な〝防波堤〟にはならなかった。それに永楽帝時代には、今に見るような堂々たる構えの「万里の長城」はまだ存在しなかった。そのため、首都である北京を防衛するためにも、相当の軍団をそのラインに沿って、張りつけつづけておくほかはなかったのである。

ようするに、北京を首都とするかぎり、つねに北に備える必要があった。だが、永楽帝は守りの人ではなかった。彼はみずから幾度もモンゴル高原に出兵し、ほとんど気が狂ったように遊牧民をたたきつづけた。それほど遊牧民の騎馬戦力をおそれ、そのこわさもよく知っていたのである。

ところが、それもあまり有効ではなかった。大規模ともいえない牧民軍団に、いいように振り回されることもしばしばあった。ちなみに、建文帝の事蹟に不明なところが多いのはもっともながら、永楽帝自身についても実はよくわからないことが多い。ともかく、永楽帝はしきりに北征を繰り返し、その挙句に漠北の地、すなわちモンゴリアの楡木川《ゆぼくせん》にて不慮の死をとげることになる。

その頓死のありようについては、あれこれ説があって明確ではない。そもそも、明側の記録はあまり信用できず、とりわけこのあたりはうさん臭い。永楽帝が遠征の帰途、疲れ果てて他界したなどという話自体、ほとんど虚構というのか、どこかなさけなく愚かしい〝美化〟、ないしは〝脚色〟にすぎない。現実は、まことに帝王らしからぬ永楽帝の最期であった。しかしそれもまた、彼の運命であった。ともかくそうした結果、主人公ふたりのあいつぐ死もあり、ユーラシア東西二大勢力による正面激突の図式は、ついに実現することはなかった。

第九章　命運の旅行団——追記として

本稿を終えるにあたり、かのクラビーホ使節団に関して、とりわけ特にあわただしい帰国となったその状況をめぐり、いくらか補足をしておきたい。サマルカンド到着後、さまざまに大歓迎をうけたクラビーホ一行ではあったが、いっぽうティムール帝国の栄光とその後の怒濤のような内紛、解体のさまを直接、間接に味わうことになった。そして、後世のわたくしたちに貴重な証言を残してくれた。

すなわち、老王ティムールが無理を承知のうえで東征に出発するほんのしばらくまえ、まだわずかに元気をたもっていたティムールは、サマルカンド近傍にある遊牧騎馬軍団の野営地で盛大な宴会を催し、クラビーホ一行もそこに招待された。そして七日後、ティムールはサマルカンドに戻り、かねて愛孫のムハンマド・スルターン・ミールザーのために壮大華麗なモスク、すなわちグール・アミール廟を建設していたが、その日に催した〝夜のつどい〟にクラビーホたちも招かれた。ちなみに、ティムールはいったんできあがったその建物が気に入らず、わずか十日の突貫工事で再建させたのであった。

ある土曜日のこと、クラビーホたちは帰国のゆるしをうけるため、ティムールに拝謁すべく赴いたが、ティムールは体調がわるく、面会できなかった。そこで翌日曜日にもう一度出掛けたものの、やはり宿舎に戻るようにいわれた。すでにこのとき、ティムールはひどく弱っていたのである。こうして日を送るうち、やがてエジプトのスルターンからの使節などとともに、出立できるよう仕度せよと告げられた。クラビーホたちは、ティムールから出発のゆるしももらっておらず、カスティーリャ王への返書もいただいていないと述べたが、やはり他の使節たちとともに出立するよう求められたのである。

ティムールの容体は、すでに瀕死に近い状況にあったのである。そのために、側近たちは各国の使節にすみやかな帰国を求め、ティムール重体の報が広まらぬよう、あれこれと配慮したのであった。結局、クラビーホ一行は他の使節団たちとともに、まことにあわただしくサマルカンドを出立せざるをえなかった。クラビーホたちにとって、〝ゆき〟と〝かえり〟はまったく趣きが異なったわけである。彼らはまさに、帝王ティムールとその帝国の光と影を、その身近で味わったのであった。

ひるがえって、ティムールというユーラシアの東西にわたる覇王の出現は、まさにその麾下にあった遊牧騎馬軍団の賜物であった。しかし、世界史を通観すれば、そうした時代はやがて広い意味での火薬と火器の台頭によって徐々に変貌し、騎馬と弓矢は次第に後退せざるをえなかった。いっぽうで「海の時代」が大きく開かれてゆくことになる。そのきっかけとなったのがイベリア半島のポルトガルであり、またティムールとかかわったカスティーリャあらためスペイン（正しくはエスパーニャ）であったのは、どこか因縁めいている。

かえりみて、ティムールという人物は陸上騎馬戦力なるものの、もっとも有効かつ大規模な活用のフィナーレを演じた英雄だったといえるかもしれない。そして、彼の死とともに、ユーラシアの内陸草原のもつ意味も色合いを変えてゆくことになる。それはまた、いわゆる「中世」から「近世」へと移りゆく大きな歴史の転回期を意味していたともいえるだろう。ティムールは、まさに「時代」というものをきわめて大きなスケールで回した人物であった。

なお、ティムール朝がいくつかの政権や大小の地方権力に分解して、たがいに角逐《かくちく》をつづけるなか、五世代をへたのちに、彼の血脈からふたたび新たな星が出現する。その名は、バーブル。正式な名は、ザーヒルッディーン・ムハンマド・バーブル。現アフガニスタンの古都ヘラートの王であったアブー・サイード（ミーラーン・シャーの孫）の息子であった。ここに、帝王の道がふたたび蘇り、やがてインドの地にティムールの血脈をひくムガル帝国なるかたまりが出現することになる。そして世界史は、次なる歩みへと踏み出してゆく。それは、ヨーロッパとアジアとのより直接的な出合いと角逐、そして衝突の嵐の時代であった。

エピローグ

無双の文章家にして歴史家・識者でもあった幸田露伴。いっぽう、人類の歴史上でもほとんど類例を見ないティムールという覇王のすさまじく破天荒の活動、驚くべき才知と好奇心、そして溢れるほどの知識欲――。さらにイスラーム世界を代表するイブン・ハルドゥーンとの信頼と語らい。そしてあまりにも劇的な激しい最期。

こうした稀有の人物を露伴が採りあげることがあったならば、かの傑作『運命』はさらに大きく変わっただろうか。それにしても、ユーラシアの大地をほとんど休むことなく疾駆しつづけ、遂には東西世界の統合を果たさんとして、夢と消えた運命。ティムールに、もしあと二、三年の命が与えられていたならば、中華はそして世界はどうなっていたのか。露伴の『運命』において、どこか建文帝の敵役《かたきやく》のように描かれている永楽帝は、中国史という伝統的な枠組みのなかでは、英雄めいた扱いや評価がなされがちである。しかし、明確な状況がわからぬままモンゴル高原で頓死する姿は、帝王としてはやや情けない末路というか、これを歴史の皮肉というべきか。ともかく、露伴が描く『運命』と、もうひとつの未完に終わったティムールという老雄の「運命」との重なり合いが、そこに想像されるのである。

あえてする蛇足　日本の真のティムール研究者の面影

最後に、序章でふれた植村清二氏の著書『万里の長城――中国小史』に寄せられた丸谷才一氏の解説文を再録させて頂くことをお許し願いたい。過去と現在の錯綜のなか、露伴、植村清二、丸谷才一という、専門やジャンルをこえて多面的な仕事をなした人間たちの「連環」を、時代をこえて実感して頂きたいからである。

植村清二著『万里の長城――中国小史』（中公文庫）昭和五十四年二月十日初版より

解説　　丸谷才一

（なお、冒頭の二頁ほどを省略しました）

……わたしは昭和十九年春、すなはち敗戦の一年数ヶ月前、旧制新潟高校に入学したのだが、当時この学校で最も人気のある教授は、東洋史の植村清二先生であつた。いや、単に新潟高校の名物であるだけではなく、新潟といふ街全体の名物であつたと言ふほうが正しいかもしれない。その広い学識、その巧妙な話術、その辛辣《しんらつ》な毒舌、その特異な風貌は強烈な印象を与へたし、かてて加へて、作家、直木三十五の実弟であるといふ条件は、奇妙にロマンチックな翳をその身辺に添へたのである。先生の片言隻句はたちまちにして学校中に伝はり、その口調は日に何度も声色をつかはれた。今にして思へば、われわれは戦乱のなかで生きる知識人の典型を先生に見出だし、これに注目してゐたのであらう。

このことに関連して最も記憶にあざやかなのは、戦局についての先生の評言である。当時この問題について、誰もが口を緘して語らなかつたのは、第一に言論取締りが猛烈を極めてゐたからであり、第二に情報源が何もなくて五里霧中だつたからであり、そして第三にこのことについて考へるのが恐しかつたからだが、第一の条件はともかく、第二、第三の条件は先生を拘束しなかつた。われわれ文科の一年生は昭和十九年の秋が深まるころから、新潟郊外にある日本鋼管の工場で働くことになつたが、その監督として姿を見せた先生は、休憩その他の折りにいろいろのことを語られたのである。それはことごとく耳朶《じだ》を打つ言葉であり、鋭い洞察であつたが、大切なのは、先生が特殊な情報のルートなど何一つなしに、ごく普通の新聞記事を手がかりにしてその認識に到達してゐるといふ事情であつた。厳重な検閲を経た報道でも、眼光紙背に徹する読み方をすればこれだけのことが判る。そのことにわたしは何度も愕然とすることになつた。たとへばB29の爆撃に際して、大本営の発表はしばしば、わが軍の飛行機はこれを迎へ撃つたが遭遇しなかつた、と述べた。これを先生は、高度が決定的に違ふのだと読み抜いた。またたとへば、ソビエト軍の進む速度があまりにも早すぎる、これはドイツ軍がまつたく戦意を失つて、いささかの抵抗もおこなつてゐないことを意味する、と読み抜いた。当時の情勢を知らない若い人々は、そんなこと当り前ぢやないかと言ふかもしれない。しかしさうではなかつた。あのころ、日本人は全部、まさか一億玉砕を本気でしようとしてゐたわけではないけれど、しかし日本が敗けずにすむのではなからうかと空頼みして、何となく希望的観測をいだいてゐたのである。あるいは、もう駄目だと思ふゆとりもなく、ただおろおろしながら、生きのびるのに懸命だつたのである。そのなかで先生は、常に冷静に的確に世界を判断して、誤ることがなかつた。われわれはあのとき、史眼とは何かといふ実物教育を受けてゐたのである。

先生には東洋史と西洋史を教へていただいたのだが、いま顧みて最も有難く思ふのは、先生の講義の格調の高い文体に若年のころ接することができたといふことである。先生は毎時間、ルーズリーフのノートからその日の分を二三枚抜いて、内ポケットに入れ、教室に現れるのだが、そのメモにはほとんど目もくれずに、明晰でしかも名調子の講義をするのであつた。（ごく稀に、ノートを忘れて現れることがあつたが、かういふときにはいよいよ名調子になり、普段には年号しか言はないのに月日まで添へて歴史上の事件を説明する。われわれはあとでその月日が正しいかどうかを調べ、一日違つてゐるなんて言つて喜んだ。）

さういふ態度の、いはば奔放な講義なのに、ちつとも崩れたところのない堂々たる文体が口をついて出るのは壮観であつた。わたしはここで、咳唾《がいだ》珠をなすといふ古風な形容を思ひ出す。あるいはまた、『濹東綺譚』の終りにある、口語文でも鷗外先生のものは朗誦に堪へるといふ永井荷風の批評を思ひ出す。といふのは、植村先生はまさしく森鷗外の流れを汲む名文で、東洋史と西洋史をわれわれに講義して下さつたからである。

講義でさへもかうである。まして著作となれば、それがいつそう洗練されたものになることは言ふまでもない。創元社版『万里の長城』は昭和十九年に刊行された中国史の通史だが（昭和四十二年の文藝春秋版『万里の長城』は同題異本で、殷から漢末にいたるまでをあつかふ古代史）、先生の文体の美は随処に見ることができる。たとへば30章における、

> 明を亡ぼしたものは、却って明自身である。奴児哈赤《ヌルハチ》の勃興以来、遼東の守備に当った将軍は、決してその人に乏しかったわけではない。熊廷弼《ユウテイヒツ》・孫承宗《ソンショウショウ》・袁崇煥等は、その尤なるものである。しかし官僚政治に免れ難い党争の弊害は、対外問題にまで及んで、事毎に施策を掣肘《セイチユウ》したばかりでなく、宮廷内に蟠踞《バンキヨ》する宦官の勢力は、その意志に反対する者に、関外の重圧を委ねなかった。明の勢力が次第に蹙《しじま》ったのは、何よりもこうした防禦方針の動揺が主な原因になっている。

といふくだりなど、典拠の正しい古風なレトリックを用ゐながら西欧ふうの精細な叙述をおこなつてゐる。また、6章において、諸外国で中国をシナあるいはチナと呼ぶのは秦の

国号に由来すること、これについてのペリオの説とその弱点を述べてから自説を記し、一転して、

著者の想像の当否は別として、支那の名称が秦から出たことは、疑いを容れない。秦の王朝の名称が、永く国家の名称として呼ばれるようになったということは、支那帝国の建設者たる始皇帝に取って、何よりもふさわしいことでなければならぬ。

と結ぶあたり、ほとんど絶妙の呼吸と言つて差支へない。

ところで今の引用だが、6章はこの文章で終る。そしてかういふふうにきれいに形の整つた結びを見ると、わたしは三十年以上も前に先生の講筵《こうえん》につらなつてゐたころのことが思ひ出されてならない。旧制高校の講義は五十分単位だが、先生の講義は各回が五十分の枠にきちんとをさまるやう配慮されてゐた。先生は、たとへば秦をあつかふ講義の終りならば、「……何よりもふさはしいことでなければならぬ」と、やや調子を張つた口調で言つて、それからすこしうつむき、チョッキのポケットから時計を出す。そして講義案が記

してある紙片を内ポケットに入れると、ちようどそのとき、じつに正確にベルが鳴るのである。それはまるで名優の演技のやうに感じられたし、先生もまた得意さうにして、小さく一礼なさるのであつた。

先生の学風について論ずる資格はもとよりわたしにはない。しかしわたしは、かつて「歴史と人物」「中央公論」両誌の編集長であつた粕谷一希さんと、先生について両三度、語りあつたことがある。粕谷さんの植村清二小論は、有能なジャーナリストが客観的な立場から見てのものゆゑ、ここに紹介するのに最もふさはしいと思はれる。

粕谷さんの説はかうであつた。そして括弧のなかはわたしの補足である。

第一に植村氏は、物語る能力の豊かな歴史家である。この型の歴史家は、たとへば竹越与三郎や徳富蘇峯のやうに戦前にはかなりゐたけれども、今は極めて稀になつてしまつた。そして植村氏が戦前の「中央公論」にしばしば登場したのは、まづこの能力の高さのせいであつた。(戦後の歴史学をそしつての、人間不在の歴史といふ不満は、むしろこの物語る力の欠如を別の言葉で述べたものかもしれない。)物語などと言ふと興味本位に歴史を叙する者のやうに聞えるかもしれないが、第二に植村氏は、専門的な修練を積んだ、すこぶる手がたい実証的な態度で歴史に臨む。（これは一つには東京大学の学風であり、さらには先生の気質の然らしむるところであらう。）第三に植村氏は、狭く分化した専門領域によつて歴史をとらへず、もつと広い、人類の過去の総体としての歴史に対し、一人の人間として関心をいだく。もちろん東洋史が専門ではあるけれども、日本史にも西洋史にも充分に詳しく、一家の言を有してゐる。この型の学者は、戦前にはたとへば津田左右吉や内藤湖南がゐたが、戦後にはつひに失はれてしまつた。（『万里の長城』において、あるいは南朝と東ローマ帝国とを並べ、あるいは五代の軍閥が日本の武士階級、ヨーロッパ中世の騎士階級と、外形は似てゐても本質においてまつたく異ることを説くやうな比較の方法は、その意味で、先生の最も得意とするところと言つてよからう。）

関連年譜

西暦年	アフロ・ユーラシアのできごと	中国のできごと	日本のできごと
一一九二			鎌倉幕府成立
一二三四		金が滅ぶ	
一二七〇	ヴェネツィアの商人「マルコ・ポーロ」が東方へ出発、九五年に帰国、のち『東方見聞録』を口述したとされる		
一二七一		フビライが大都を都に国号を元と定める	
一二七九		南宋が滅ぶ	
一二九九	オスマン一世即位、オスマン王朝の成立		
一三三二	イブン・ハルドゥーンがチュニスで生まれる		
一三三三			鎌倉幕府が滅ぶ
一三三六	ティムールがサマルカンド近郊で生まれる		
一三三七	英仏間で百年戦争がはじまる（〜一四五三）		

一三三八			足利尊氏が征夷大将軍となり室町幕府が成立
一三四七	この頃、ペスト（黒死病）が大流行		
一三五一		紅巾の乱	
一三六八		朱元璋が即位（洪武帝）、明朝成立	足利義満が将軍となる
一三七〇	ティムールが西トルキスタンを統一		
一三七七	イブン・ハルドゥーンが『歴史序説』を完成		
一三八〇	フランスのシャルル六世が即位（〜一四二二）		
一三八二	マムルーク朝でバルクーク即位		
一三八六	ティムールがマムルーク朝エジプトに現れる知らせがもたらされる		
一三九二			南北朝合体
一三九九	バルクーク死去、ファラジュがスルターンに	燕王・朱棣が挙兵＝靖難の変（〜一四〇二）	
一四〇〇	ティムールと麾下の遊牧騎馬軍団が中東へ転進		
一四〇一	ティムールとイブン・ハルドゥーンがダマスクスで出会う		

一四〇二	アンゴラの戦いでティムールがオスマン朝を破り、バヤジト一世を捕虜とする／カスティーリャ・レオン王国からソトマヨールとパラスエロスがティムールのもとへ派遣される／ティムールからシャルル六世への第一書翰が送られる	朱棣が建文帝から帝位を簒奪、永楽帝となる	
一四〇三	クラビーホ使節団がエンリケ三世によって中央アジアのサマルカンドへ派遣され、翌年到着		
一四〇四			明との勘合貿易開始（〜一五四七）
一四〇五	ティムールが明朝へ遠征する途中、オトラルで病死		
一四〇六	クラビーホ遠征の報告書（旅行記）が作成される／イブン・ハルドゥーン死去		
一四〇九	シャー・ルフがサマルカンド入城		

[著者紹介]
杉山正明（すぎやま まさあき）
1952年静岡県沼津市生まれ。京都大学大学院教授。
専門はモンゴル史、中央ユーラシア史、世界史。
主な著書は『クビライの挑戦』（朝日選書、サントリー学芸賞）、
『遊牧民から見た世界史』（日経ビジネス人文庫）、
『モンゴル帝国と大元ウルス』（京都大学学術出版会、日本学士院賞）など。
2003年司馬遼太郎賞を受賞、また2006年には紫綬褒章を受章。

[歴史屋《れきしや》のたわごと 2]
露伴《ろはん》の『運命《うんめい》』とその彼方《かなた》 ユーラシアの視点《してん》から

2015年1月15日 初版第1刷発行

著者…………杉山正明
装幀…………間村俊一
発行者………西田裕一
発行所………株式会社平凡社
〒101-0051 東京都千代田区神田神保町3-29
電話 03-3230-6583〔編集〕
03-3230-6572〔営業〕
振替 00180-0-29639
印刷…………株式会社東京印書館
製本…………大口製本印刷株式会社

ISBN978-4-582-44604-3
NDC 分類番号 209 四六変型判（18.8cm） 総ページ 216

平凡社ホームページ http://www.heibonsha.co.jp/